中国発グローバル企業の実像

【改訂増補版】

徐方啓［著］
XU FANGQI

GLOBAL COMPANY

千倉書房

はじめに

日本に30年前に来た時，いたるところで繁栄の盛況を目に入れてすごく驚きました。

例えば，大学から寮に行く途中，ほぼすべての店，工場，営業所の道路沿い掲示板には正社員またはアルバイトを急募するポスターが張り出されていた。新聞の広告欄には，数百万円のゴルフ会員権の売買，億円単位の福袋，ハワイの別荘販売など金持ち向けの情報が溢れていました。中国の公務員といえども給料は日本の公務員の数十分の一しかない筆者にとって，まさに別の世界だったのです。

学問の世界ではどうでしょうか。全体ではありませんが，その時代の象徴とも言える例が筆者の周りにありました。筆者より先に日本の有名大学で留学しているかつての教え子は，中国企業を研究しようとしたが指導先生に研究する価値がないと一喝されて研究テーマをチェンジせざるを得ませんでした。確かに，その時代中国企業を研究している日本人教授が筆者の知る限り，僅かでした。

ところが，現在事情はだいぶ変わりました。中国経済，中国ビジネス関連の科目を開講する大学はたくさんあります。担当者は，日本で学位を取って就職した中国人学者だけでなく，経営戦略，国際経営，マーケティング，人的資源，比較経営などを専門とする日本人学者も結構増えています。

今日，中国企業に関心を持つ方はだいぶ増えています。その証拠は『日本経済新聞』を読めば分かるはずです。筆者は，日経の中国企業に関連する記事をサブテキストとして使っています。昔，そのような記事を見付けるには大変でしたが，今はずいぶん楽になりました。なぜなら，中国経済と中国企業の記事は毎日のように出ており，トップページに出たものも時々あります。とりわけ,「中国経済を知らず，ビジネスを語らず」のような広告さえ出てきましたので，世間の風潮の変化が窺えます。このような変化は，本当に大きかったです。まさに中国の諺「30 年河東，30 年河西」から教わったように，世間の移り変わりが必ず起こるということです。

しかし，この本を執筆する意図は，中国企業を一概に賞賛するのではなく，中国企業とりわけ世界で活躍している代表的なグローバル企業の過去と現在，成功と失敗を含め，より客観的に反映するということです。そのため，筆者は時間をかけてたくさんの中国企業を追跡し，その中から選んだ 9 社をビジネスケースとしてさらに研究した後．この本に書き込んだのです。

したがって，この本は大学の教科書だけでなく，研究者，企業関係者，弁護士，公務員の方，ビジネスマンにも広く手に取って参考にしていただければ，ありがたく存じます。

「中国発グローバル企業の実像」刊行によせて

著者は，日本の大学に在籍しながらも，中国の多国籍企業について継続的に観察してきた研究者である。本書はその観察の成果である。中国企業の組織人，経営者の深いインタビューをもとにした著作であり，中国企業の現実を知るのに役立つ著作である。

中国企業は，日本企業の無視できないライバルになってきた。本書でライバルの狙いを知り，友好な競争戦略を立案・実行する日本企業が増えることを祈っている。本書で取り上げられている中国企業はたんに強いだけでなく，高い志を持つ企業も含まれている。日本企業もそれに負けない高い志を持ってほしい。

甲南大学特別客員教授
神戸大学名誉教授
加護野忠男

●●●目　次●●●

第 1 部

ケース

第1章 ハイアール

1 ●●● ハイアールの創業者

張瑞敏（チョウズイビン）（Zhang Ruimin）は，1949年山東省萊州市に生まれ，高校1年生の時，いわゆる文化大革命（1966年5月から1976年10月まで中国全土で起こった内乱）が勃発したため，大学進学の夢は無残に潰されてしまった。その後，地元にある建築金属工場に配属されて，見習いになった。大学の夢が国に潰されたものの，張は勉強の意欲を終始失わなかったし，仕事への探求心も強かったので，主任，課長，副工場長など他人より昇進が早かった。1984年，35歳の若さで彼は青島市家電公司の副総経理を務めていた。同年12月26日，彼はハイアールの前身である青島（チンタオ）日用電器廠という企業の廠長（社長）に任命された。

2 ●●● 沿　革

中国の山東省青島市には，青島日用電器廠という集団所有制企業があった。集団所有制企業とは何かについては，第11章で詳しく述べるが，分かりやすく言えば，国家の予算に入らない公企業である。このような企業は，設立の時，自治体から資金をもらっているが，その後，人事を除いて基本的に自主運営をするのでリスクが高い。そのため長い間，大学卒業生は集団所有制企業への就職を敬遠していた。

ところが，改革・開放後，中央政府は物不足の問題を解決するため，家電製品の製造設備の輸入を解禁した。その後，国有企業は言うまでもなく，集団所有制企業もわれさきにと設備を導入して行った。

1984年10月，青島日用電器廠はドイツのリボハイアール社から先進的な冷蔵庫生産ラインを導入し，琴島・利勃海爾（チンダウ・リボハイアール）というブランドの冷蔵庫を生産し始めた。現在のハイアールというブランドは，そこから一部を取って生まれたものである。2ヵ月後，青島冷蔵庫総廠が設立され，新しい廠長（社長）に任命されたのは張瑞敏であった。その年，青島冷蔵庫総廠には社長が3人も赴任してきたが，いずれも難局を恐れて辞めて行った。張は4人目の社長であった。廠長になる前，張はすでに冷蔵庫生産ラインの導入に関わっていたが，それ以上廠長候補者はいないので，自分でやるしかないと自覚した。

ところが，張瑞敏のリーダーシップの下で，この会社は業績が見る見るうちに伸び，わずか二十数年で600人の中小企業から奇跡のように世界一の白物家電メーカーに変身した。ハイアールのこれまでの発展プロセスは，四段階に分けて説明することができる。

●第一段階：起死回生（1984～1990年）

張瑞敏は着任の日から，この会社の酷さを痛感した。工場のいたるところに，ごみの汚さ，おしっこの臭さが溢れ，正月が近づいても，いつ給料が支給されるか分からない状況に従業員は，仕事をする意欲を全く持っていなかった。それどころか，寒さに耐えるために，工場の窓から木の枠を外して燃やして体を温める人もいた。ここは会社というより，ホームレスの避難所とそれほど変わらない場所ではないかと思った。銀行に147万元（2,293万円。1元15.6円のレートで換算，以下同）の借金残高があり，それ以上の融資を受けられないので，張は従業員に給料を支給するために，自ら近所の農村を回って金を借りた。その後，張は仕事のルール作りを優先して，1枚1枚の窓ガラスまで責任者を決めて秩序の回復に全力を挙げた。それと同時に問題の品質向上に努めた。日本企業の5S（整理，整頓，清掃，清潔と躾）に習って，張はそれにセーフティー（安全）を加えて6Sとして推進した。このような努力が実り1988年には，ハイアールの冷蔵庫が品質で全国一に選ばれたのである。

●第二段階：拡張（1991～1997年）

1991年12月，ハイアールは青島冷蔵機器総廠と青島エアコン総廠を吸収合併して，ハイアール集団を設立し，多角化経営を始めた。1992年，ハイアールは，青島市で800畝(ムー)（約53ヘクタール）の土地を確保し，ハイアール工業団地を建設し始めた。翌年，ハイアールは冷蔵庫など一部の優良資産を青島ハイアール株式会社として上海証券取引所に上場した。資本市場から得た資金を使って，さらに18の会社をM&Aで取得し，製品ラインを広げただけでなく，規模も急速に拡大した。1997年12月23日，さらに洗濯機，給湯器などの業務を統括するハイアール電器グループ有限会社として香港証券取引所に上場し，外貨を調達する道を拓いた。

●第三段階：国際化（1998～2004年）

1990年代の末頃，WTO（World Trade Organization：世界貿易機関）加盟に備えて，中国政府は，競争力のある会社に海外進出を呼びかけ，いわゆる「走出去(ズォウツゥチュ)」（打って出る）政策を実施し始めた。ハイアールは，これをきっかけに本格的に国際化経営を展開し，アメリカに進出した。国際化経営の経験がないハイアールにとって，アメリカで成功するには相当難しかったことは言うまでもないが，内外の予測に反して，ハイアールはアメリカで成功し，その後，続々と世界へビジネスを広げている。

●第四段階：グローバル経営（2005年以降）

ネット社会の進みに伴い，ハイアールの発展は新しい段階に入った。これまで，自社の経営資源をもって国際ブランドを創出する国際化経営と違い，これからは世界の経営資源を生かして現地化の主流ブランドを創出するというグローバル経営をしなければならないとハイアールの経営陣は悟ったのである。

これまで，打って出るという政府の呼びかけに対して，海外へ進出する中国企業は確かに増えているが，経験の不足で大きな損失を被って撤退した企業も少なくない。これに対し，ハイアールは最も早く海外に進出した企業ではないものの，着実に世界でのシェアが拡大している。

図1-1は，ハイアールの売上高の推移である。それによると，2018年度ハイアールの売上高が2,661億元（4兆1,245億円）であることが分かる。

ハイアールグループの事業を国内と国外に分けることができるが，国内事業の中核としては，青島(チンタオ)ハイアール株式会社（以下，青島ハイアールという）であ

図 1-1　ハイアールの売上高の推移　（単位：億元）

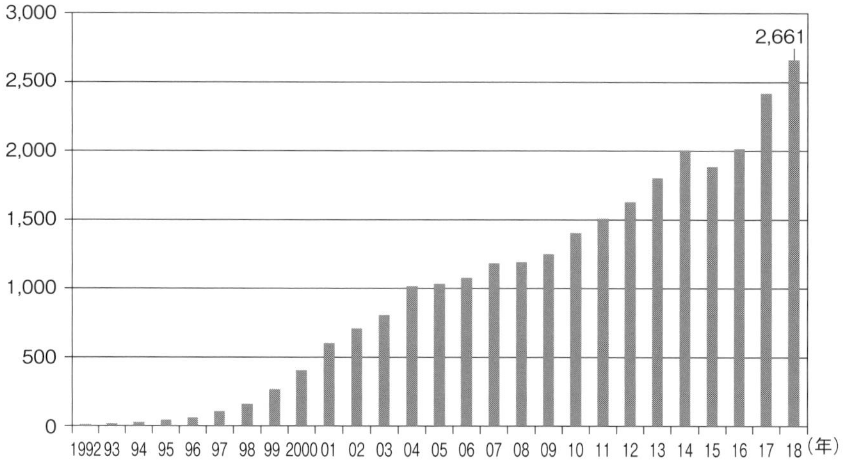

資料：ハイアールと中国企業連合会のホームページにより作成。

る。青島ハイアールはハイアール工業団地を建設する資金を調達するため，1993 年 11 月に上海証券取引所に上場した。現在，冷蔵庫，エアコンなどを製造・販売する子会社を 37 社持っている。そのうちの 1 社，すなわちハイアール電器グループ（53.34 %の株式を保有）は米領バーミューダで法人登録し，1997 年 12 月に香港証券取引所に上場している。その下には，洗濯機，温水器などを製造･販売する子会社（青島ハイアールの孫会社）を 21 社保有している。

一方，海外事業は，ハイアール電器国際株式会社が主力となっている。ハイアールジャパン，ハイアールアメリカなどの法人 28 社が含まれる。また，法人の他に，デザインセンターや工場などを 29 ヵ所持っている。詳しくは，図 1-2 にまとめた。

3 三段跳びのグローバル経営

3-1「海外進出」（走出去（ズォウツゥチュ））

伝統的な国有貿易会社の海外支社を除けば，中国企業とりわけ製造業の海外

図 1-2　ハイアールグループの組織図

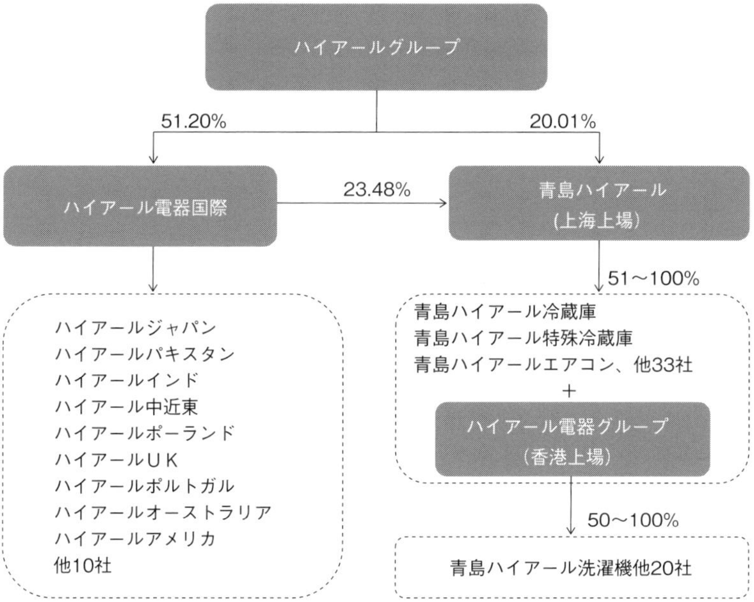

資料：上場企業2社の「2010年度アニュアルレポート」により作成，数字は出資分。

進出は1990年の後半から始まった。ハイアールは海外進出第一陣の中の1社である。しかし，多くの会社はビジネス環境が似ているベトナムなど東南アジアからスタートする方針，いわゆる「先易後難」（先にやりやすいところから始め，その後難しいことをやる）の策略を取ることに対し，ハイアールは敢えてアメリカ市場から始め，いわゆる「先難後易」（先に難しいところから始め，その後やさしいことをやる）の策略を取っている。不思議なことに，「先易後難」の策略を取った第一陣のなか，成功といえる会社は本書に取り上げたファーウェイ（第3章）だけで，ほとんど失敗して撤退した。国際化経営を学ぶための学費と考えられている。

例えば，ハイアールの冷蔵庫技術はドイツから導入しており，商品をドイツへ輸出することは非常に難しい。なおさら，ヨーロッパの中で，ドイツの冷蔵庫の品質基準が最も厳しく，市場参入の敷居が高いといわれていた。そのため，張瑞敏は開発部隊を総動員してドイツのVDEとGS認証を取得した。その結果，ハイアールの冷蔵庫はドイツだけでなく，EU全域に輸出できるようになった。また，洗濯機技術は日本から導入したため，同様に日本においても，商品を日本へ輸出するには世界一厳しい基準をパスしなければならず，数年にわたる努力によって，ハイアールはついに日本の認証を手に入れ，小型洗濯機の日本上陸を成功させただけでなく，その品質は他の先進国にも認められたのである。

「先易後難」の海外進出はほとんど失敗したが，「先難後易」を行ったハイアールはなぜ成功したのかというと，根本的な違いは経営戦略を持つかどうかにあった。失敗した会社は海外進出を単に国内でのビジネスの延長線と見なしており，国内での成功を海外で複製しようとしただけであった。ところがハイアールは，スタートした時点からブランド戦略を定めて，それを実現するためにトータル・クォリティー・コントロール（TQC）をベースにする経営モデルを実践していった。海外進出をブランド戦略の一環として見なしていたのである。

「走出去」を単に海外進出の第一歩として，試しのような気分でやって，挫折したらさっさと撤退した会社に対し，ハイアールは「走出去」を海外でのブランド作りという位置付けでいる。

3-2 「海外市場に入り込む」（走進去（ズォジンチュ））

海外でブランドを作るには，単に本国から商品を輸出して販売することに留まるならば，目標を達成することが困難である。だから，張瑞敏は「走進去」（海外市場に入り込む）を提唱している。具体的に言えば，進出先の市場に入り込むために，現地化の企業を作るということである。例えば，1999年4月，アメリカのサウスカロライナ州ケントン市カーシャウ郡に初めて作った海外工場は，年間50万台の生産能力を持ち，翌年から稼動した。ハイアールは地元の雇用創出を促進しただけでなく，マスコミの宣伝でこの町の知名度は大いにアップしたことにより，州と市政府から多くの賞が授与された。例えば，2001年カーシャウ郡からは「地域貢献賞」を，2002年サウスカロライナ州政府から「雇用創出賞」をそれぞれ授与され，2010年までは，ハイアールがアメリカの地方政府，マスコミ，ディーラーから得た名誉は30以上にも上った。そのほかにも，地方政府の優遇政策も受け，例えば，州政府はハイアールに給料税を還付したり，市政府が無償で市の中心部のある道路を「ハイアール通り」と命名した。

ハイアールは，ブランドの知名度を高めるために，積極的に各地で行われる展示会に出展している。出展してはマスコミが報道するので，ブランドの認知度は広がるわけである。

現在，ハイアールのアメリカ工場には，長期滞在の中国人は一人もいない。CEOから現場の組立工まで300名強の従業員は，すべて現地で採用したアメリカ人である。彼らは，この会社をアメリカ企業として誇りを感じて仕事をしている。

ハイアールは，1999年のアメリカ進出を皮切りにパキスタンハイアール工業団地，バングラデシュ工場など，次から次へ建設し，国際化経営の基盤を固めた。現在，ハイアールは世界で10のR&Dセンター，25の工業団地と122の製造センターを有するほどに成長している。

3-3 「海外の主な流通ルートで商品を売る」(走上去（ズォサンチュ）)

これまで，世界における中国製品全体のイメージは，いまだにまだ「安かろう，悪かろう」というイメージから完全に脱出しておらず，1950年代の日本製品と変わらないと思われている。そのため，中国製品は海外で販売されても，基本的に小規模のスーパーやディスカウントストアなど安売店に限られている。しかし，創業以来ずっとブランド作りに力を入れているハイアールは明らかに違い，彼らは安売りはせず，時間をかけてもあくまで進出先の主な流通ルートを狙っているのである。

中国語の「走上去」とは，上へ邁進する，または上り上がるという意味である。日本を例にすれば，小規模の店やあまり目立たない売り場ではなく，トップ5の家電量販店の目立つ場所で人気ある商品を販売する。あるいは進出先の上流組織，例えば業界の団体へ溶け込み一席を占めるということである。これは相当厳しいが方向性は正しく，国際化を10年間体験した張が自ら悟ったことである。このような認識の変化は，グローバルマネジメントにおける張の能力向上にほかならない。いうまでもなく，これはどの教科書にも書いていない知識であり，体当りの実践から生まれた真なる信念ではないかと思う。例えば，中国に進出している資生堂のテナントとしての出店原則は，その都市の一番のデパートの最も目立つフロアである。これは，資生堂のグローバルブランドのイメージアップにとって，明らかに効果がある。ファーストリテイリングも同じである。「ユニクロ」のグローバル旗艦店を作る時，ロンドンのオックスフォードストリート，パリのオペラ地区，ニューヨークの五番街，上海の南京路など，必ずその国の一等地を選ぶ。このようなことは，直接的または間接的に世界のマーケットをターゲットしている張瑞敏に影響を与えただろうと想像できる。

ハイアールはアメリカで工場を作る前に，売上高は3,000万ドルしかなかった。その時，大手小売業のドアを叩いても相手にされなかった。しかし，10年間にわたって努力した結果，ウォールマート，ベストバイなどの大手小売業が主な取引先となり，2010年現地法人の売上高も5億9,000万ドルに拡大したのである。

4 ハイアールの経営戦略と経営モデル

4-1　ブランド戦略とTQC管理モデル

ハイアールの沿革からも分かるように，起死回生の段階では会社が倒産の危機から脱出するために，張瑞敏はブランドの重要性を従業員に繰り返し訴えてきた。しかし，悪い癖のついた従業員はなかなか行動しないので，張はついにショック療法を導入することにした。

1985年12月，張はお客様からのクレームから冷蔵庫の品質問題に気付き，出荷待ちの商品を再点検した結果，同じ日に製造した400台のうち，不良品がなんと76台もあった。怒りを抑えきれない張は，従業員を集めて，自ら大きなハンマーを使ってその内の1台を叩き壊した。それから，残りの分をすべて叩き壊すようにと従業員に命じ，ショックを受けた従業員は，自分の無責任による損失の大きさを身にしみて感じた。このショック療法のおかげで，張瑞敏は短期間で従業員の品質意識を変えた。1988年，中国政府が主催した全国冷蔵庫品質検定会において，ハイアールの冷蔵庫は数百のライバルに勝ち，金メダルを獲得した。ハイアールの冷蔵庫は，たちまちヒット商品になった。これは張瑞敏の高品質によるブランド作りの第一歩であった。ついでに，このハンマーは2009年4月中国国家博物館に国家文物（登録番号：国博収蔵0092号）として収蔵されている。

ブランド戦略で初勝利を得たハイアールは，それ以来一層ブランド戦略を強めている。2005年に作ったグローバルブランド戦略は，これまでのブランド戦略のバージョンアップとも言える。詳しくは後に述べる。

1980年代の初め頃，当時の中国国家経済委員会は外国，主に日本から企業管理の手法を多く導入し，『企業管理18法』という冊子にまとめて全国の企業に普及させた。これらの手法の一つは，TQC（トータル・クォリティー・コントロール）である。張瑞敏はハイアールに入る前に，会社の上部組織である青島市家電公司副総経理として，集団所有制企業の技術革新や管理改善などを指導していたので，ハイアールの社長になった後もTQCを普及させており，早期のハイアールが取ったブランド戦略は，このTQCを中心とする品質管理の経営モデルと切り離してはならないのである。

4-2　多角化戦略とOEC管理モデル

1991年から，ハイアールは吸収合併により，青島エアコン，青島冷機，紅星（レッドスター）電器など地元の会社をいくつか傘下に収めて，単一の冷蔵庫メーカーから複数の電気製品を作るメーカーに変身した。1995年，さらに武漢冷凍機の買収を皮切りに全国へ進出し，総合家電メーカーに脱皮した。現在，ハイアールの製品は，冷蔵庫，洗濯機，エアコンなどの白物だけでなく，テレビ，VCD，パソコン，携帯電話，システムキッチン，バスルームなどほぼすべての家電製品を作っている。

家電製品だけでなく，1997年の青島第三製薬の株式を過半数取得し，製薬業への進出を実現した。その後，さらにデジタル技術開発，ソフト，電子商取引，財務会計，生命保険，法律事務所，不動産開発など非製造業にも参入し，本格的な多角化を展開している。

この多角化戦略の実施に伴って，ハイアールはOEC管理モデルを実践していた。

OEC管理モデルはハイアールの独創である。それは，英語Overall，Everyone，Everything，Everyday，Control，Clearの頭文字の省略である。すべての職場にいるすべての従業員は，毎日自分の仕事をきちんと仕上げなければならないという意味である。別名は「今日の仕事は今日中済み，昨日より良くなる」といい，一種の目標管理の手法である。

OEC管理は，三つの原則を示している。一つ目は，PDCA原則である。すなわち，すべてのことを計画（Plan），実施（Do），チェック（Check），評価（Assess）の順で進める。二つ目は，比較分析原則である。縦方向は，自分の過去（昨日）に比較し，横方向は同じ業界のライバル会社，社内の別の部署，同僚に比較する。三つ目は最善化原則である。樽理論によれば，樽にある水の容量は最も短い板に決められるので，OEC管理は最も短い板となる問題を早期に発見することができる。

OEC管理の下で，すべての従業員は仕事が終わったら「3Eカード」という用紙を使って，まず自己チェックを行い，それから上司にチェックしてもらう。定量化できる仕事であれば，毎日数字の変化をチェックするが，定量化できない仕事でも毎日定性的にチェックしなければならない。

4-3　国際化戦略とマーケット・チェーンおよびBPRモデル

1990年代の末頃から，ハイアールは国際化戦略を実施し始めた。それに伴って，マーケット・チェーンとBPR（ビジネス・プロセス・リエンジニアリング）モデルを実践していた。

ほぼ同じ時期，サプライ・チェーン・マネジメント（SCM）というコンセプトが中国に導入された。サプライ・チェーン・マネジメントとは，企業が取引先との間の資材調達や受発注，物流，在庫管理などについて，ITを活用して一貫管理する経営手法である。しかし，ハイアールはそれをマーケットの視点で見るマーケット・チェーンを提唱している。

それと同時に，ハイアールはBPRモデルを実践してきた。1999年から10年かけて次のことを成し遂げた。

まず，各事業部の財務，購買，販売の業務をすべて切り離して，海外推進本部，商流推進本部，物流推進本部，資金流推進本部を設立し，それぞれ外部向けの経営資源をグループ統一のブランド創出のための販売（商流），購買（物流），財務（資金流）体系に統合した。そして，商流を販売ルートのマーケット・チェーンに統合した。これによって，ハイアールはビジネス・プロセスを統合し，ビジネス運営のプラットフォームを構築し，マーケット・チェーンのメカニズムを作り出した。BPRは，伝統的な組織を打ち破って，より効果的組織を作り出した。

4-4　グローバルブランド戦略と人単合一Win-Winモデル

2005年以降，海外進出の量的拡大と質的向上に伴って，ハイアールは新たにグローバルブランド戦略を制定した。すなわち，アップル，サムスンのような世界で広く知られるブランドの創出を目指している。この戦略を実施するために，ハイアールは人単合一Win-Winモデルを実施し始めた。

2005年9月20日，張瑞敏はハイアール世界経営者会議において人単合一モデルを初めて披露した。それ以降も，実践しながら修正を行った結果，現在の形になった。

「人単合一」の人は従業員を指し，単とはマーケット目標を指す。合一とは，すべての従業員にマーケット目標があることを意味する。Win-Winとは，顧客のために価値を創出すると同時に，自分と会社の価値を実現するということである。従業員のマーケット目標は，上司に決められるものではなく，従業員自身が決めるものである。そして，従業員の収入も顧客のために創出した価値によって左右される。

このモデルは根本的な変化を二つもたらした。一つは，企業組織はピラミッド型の正三角形から逆三角形に変えた。正三角形の組織では，従業員は一番下の層におり，直属の上司（課長）の指示を受けるが，課長はまた直属の上司（部長）から指示を受け，だんだん上がってトップは一番上にいる。逆三角形の組織では，従業員は一番上の層におり，直属の上司はその下におり，だんだん下がってトップは一番下の層にいる。これにより，従業員はマーケットの最前線に押し出され，自分の担当する分野で顧客を見つけ，顧客の価値を創出しなければならない。それまで，上司の指示を受けて仕事をしていたが，新しいモデルを実践し始めると，顧客の要望を聞いて，上司と一緒に行動するようになった。上司は命令者の代りに，支援者として，従業員の目標達成をサポートしなければならない。図1-3は，ハイアールの組織改革のイメージである。

もう一つの変化は，「資本主義」から「人本主義」への変化である。伝統的な財務会計は事後処理であり，数字は見るが人を見ない。結果を見るが原因を問わないことであった。しかし，ハイアールは，会社の損益計算表，貸借対照表，キャッシュフロー計算表を各自主経営体の「損益表」，「日清表」と「人酬表」に変えた。「損益表」にある「収入」は，普通の収入の意味と変わらないが，「益」は顧客のために創出した価値から得た利益を指す。収入から利益を引いた，その差は「損」である。ハイアールはこの「損」を仕事の足りなさと見ている。「日清表」は，毎日の仕事を予算の形で計上し，その予算を使ってどれくらいの仕事をしたかをチェックする。「人酬表」は，顧客のために創出した価値によって報酬を計算するものである。従業員はこれを使って自分の報

図1-3　ハイアールの組織改革

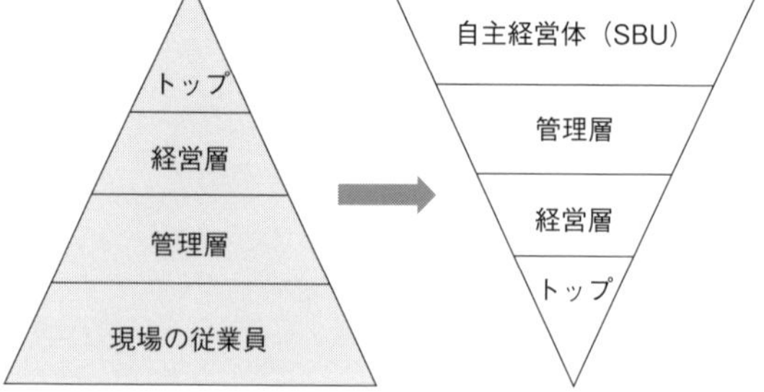

資料：張瑞敏の講演（2011年6月17日）により作成。

酬を算出できる。

伝統的な財務諸表は，資本を中心に株主の価値を追求する。ハイアールの三つの表は，従業員を中心とする。すなわち，人とマーケット目標が一体化するメカニズムによって従業員の創造力を喚起し，彼らに顧客価値とマーケット資源を創出させ，顧客，企業，従業員の Win-Win 関係を築き，従業員の高い能率，高い価値創造と高い報酬を実現する。人を基本にしているので，人本主義なのである。

ハイアールは必要に応じて従業員を十数人または数十人からなるグループに編成した。これはボストンコンサルティンググループが開発したSBU（Strategic Business Unit：戦略的事業単位）に似ているが，ハイアールではこれを自主経営体と名付けた。この自主経営体は，ある地域（例えば，県）を営業エリアに割り当てられたら，自ら宣伝し販売から資金の回収，アフター・サービスまですべてやらなければならない。経営資源が足りなければ，上司に支援を求めることができるが，すべての出費と収入は精算する。そして，A，B，Cの3ランクに分けて実績と報酬を算出する。

人単合一 Win-Win モデルを実施して以来，従業員のモチベーションが一層高まり，ハイアールの業績の伸びは加速している。例えば，「農村経営体」の郝美霞（カクビカ）マネジャーは，競争力のある農村市場を目標にし，この目標を達成するために経営資源を合理的に統合している。この自主経営体は，四川，河南，安徽，河北などの農村部で市場調査を行ったところ，農民たちが最も関心を持つのは省エネであることが分かり，上司に支援を求め，企画部と開発部は省エネ技術を応用して，4日間で1ワットの電力しか消費しない省エネ冷蔵庫を開発した。さらに，購買，財務，製造，物流の支援を受けて，たった3ヵ月でこれらの商品を農村の顧客へ提供した。このような迅速な対応の下で，2009年の農村自主経営体の業績は前年度に比べ50％増となった。

人単合一 Win-Win モデルは，ゼロから出発したものではなく，これまで10年も続いていたBPRをベースにして発展的に生まれたものだと思っている。

図1-4は，上に述べた四つの経営戦略とそれに対応する経営モデルのまとめである。

図 1-4　ハイアールの経営戦略と経営モデル

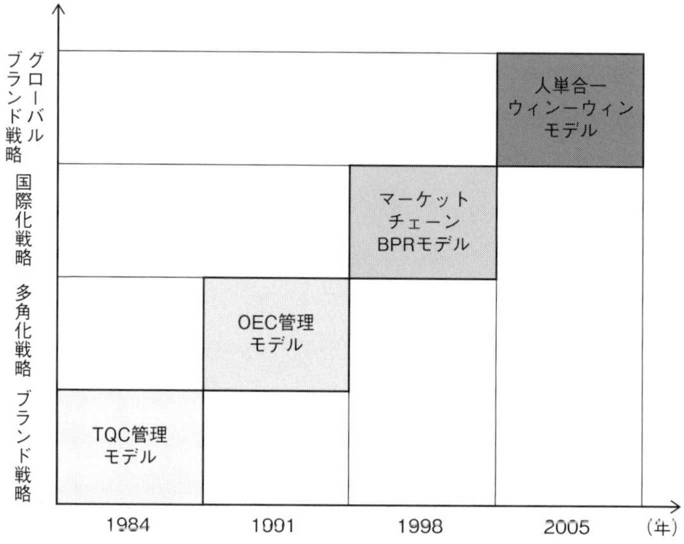

資料：ハイアールのホームページにより作成。

5 ●●● ハイアールの強みと弱み

ハイアールの強みは何だろう。技術力，資金力，それとも情報力だろうか。近年ハイアールの特許保有数はようやく1万件を突破したが，強豪の参入を阻止できる発明関係の特許は少なく，実用新案と外観設計が多い。8万件の特許を保有しているキヤノンに比べれば，ハイアールのそれは遥かに少ないことが明らかである。資金力と言えば，これまでの発展からすると，いつもぎりぎりの状態で工場建設をしており，特に潤沢ではない。これについて，筆者はハイアールの売上高経常利益率からその根拠を見出すことができる。図1-5によればこれまで最も高いのは2010年の5.4％であった。日本企業に比べると，この数字は決して悪くないが，中国では2桁の売上高経常利益率を確保できる企業は少なくないので，ハイアールの資金力が強いとは言えない。

図 1-5　ハイアールの経常利益と売上高経常利益率の推移

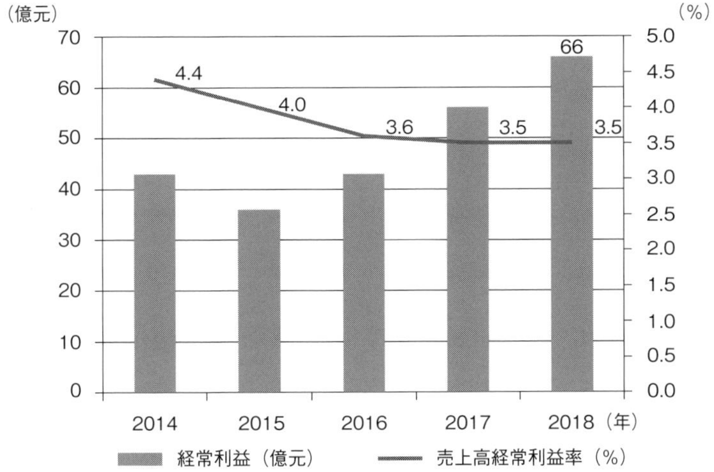

資料：上場企業青島ハイアール各年度の「アニュアルレポート」により作成。

それでは，ハイアールの強みは一体何だろう。筆者はハイアールの本当の強みが人間と人間使いの政策だと思う。人間については，CEO の張瑞敏，経営陣，中間管理職と一般従業員に分けて論じる。人間使いの政策について，主にハイアールのモチベーションを巡って展開する。

張瑞敏については，先にも少し触れたが，ここでは主に彼の創造的経営者としての特質を述べることにする。まず，彼には近づきやすさがある。張瑞敏のもとには毎年数え切れないほど多くの来訪者を受け入れている。しかも，来訪者と面談する時，張瑞敏は極めて真剣で，よく成功した大企業に受けられる経営者の高慢さや威張りを少しも感じさせない。逆に，いつも謙虚な姿勢で，相手と質疑応答またはディスカッションをするので，相手に好感を与える。したがって，彼に会ったことがある記者や学者は，ハイアールについて褒めることが多い。このような性格の人間なので，張瑞敏はリーダーとしての魅力が備わっている。人々は彼のために喜んで力を尽くそうとする。彼は「企業は人が中心で，『人』が離れたら企業は『止』まることになるよ」と筆者に話した。

ハイアールの公式ウェブサイトでは，張瑞敏しか紹介されておらず，他の上級経営陣の情報はほとんど読み取れないので，一人の天才経営者に頼っているように見られているが，言うまでもなく，そんなことはあり得ない。実際，経営陣はハイアールにとって不可欠な存在である。彼らは，張瑞敏の経営哲学を具現化させた挑戦者であり実行者でもある。彼らの共通点は，困難に直面する時に，恐れず，後退せず，実力で問題を解決して，張の信頼と期待に応えたということである。例えば，元ナンバー2の楊綿綿総裁は，かつて張瑞敏の青島市家電公司時代の部下であった。女性技術者の楊は，張に頼まれてハイアールの総工程師（技師長）に就任した当初，長期的に仕事する意識を持っていなかった。もし張は辞めたら，自分も辞めるという気持ちでやってきた。しかし，張の熱意，勇気，人柄の魅力に惹かれて，全身全力で張をサポートしてきた。現在，楊はすでに引退したが，かつて海外マスメディアに「世界で最も強い女性ビジネスリーダー」と数回選出されたことがある。したがって，楊をハイアールの共同創業者と言っても過言ではないのである。

ハイアールの中間管理職の中には有能な人材が多くいる。現在，ハイアールは中国一の家電メーカーであり，毎年有名大学の優秀な卒業生を多く採用しているが，創業初期は，そんなことは不可能であった。大学生が入ると，張は宝物のように大事に使っていた。言い換えれば，ハイアールは普通の大学卒業者に能力を最大限に発揮する場を提供した。その結果，20代の部長，工場長は次から次へ生まれた。例えば，柴永森（シバエイシン）は，1984年7月上海理工大学を卒業後，ハイアールに配属された。一技術員からスタートし，実績を出すと同時にポストはどんどん上がった。1993年，つまり入社9年目でハイアール冷蔵庫の副社長に昇進した。2000年，37歳の柴は公選でグループの常任副総裁に選ばれた。男性だけではなく，女性も同じである。1974年生まれの陳鳳梅（チンホウバイ）は大学卒業後，ハイアールに入社，エアコン事業部の現場で男性にも負けないほど知恵と腕前で，たちまち同僚の信頼を得た。その後，公選で600人の部下を持つ工場長に選ばれ，その時まだ31歳の若さであった。

ハイアールで働いている一般従業員は，他の会社の従業員よりプレッシャーを多く感じるかも知れない。ただ，それは，肉体の疲れではなく，仕事に関する責任によるものである。ハイアールの工場では，毎月現場従業員の実績に関する評価が公表される。評価を得た優秀な従業員に，インセンティブを与えている。インセンティブとは，賃金アップ，特別ボーナスの支給など金銭面のことがあれば，新しい技能の研修の受講，保養施設の利用，公開表彰など非金銭面のこともある。とりわけ，現場の工夫による発明・革新があれば，その考案者に自分の名前で命名する権利を与えられる。例えば，ハイアールの工場では，「曉玲（ショウリン）スパナ」「雲燕鏡（ウンエンカガミ）」のような道具がよく見られる。考案者にとって，これは奨励金より価値がある名誉なのである。一方，ワーストの評価を受けた従業員にはペナルティを課す。ペナルティとは，ボーナスカット，時期限定の改善，職場換えなどを含む。連続二回ワーストの評価を受けた従業員は解雇することもある。

6 日本企業との関係

ハイアールはドイツから冷蔵庫の技術を導入して中国市場で成功したが，冷蔵庫以外の白物家電に参入する時も，外国メーカーとくに家電王国といわれる日本企業の優れた技術を導入することを狙っていた。

1993年，三菱重工はハイアールと提携して三菱重工ハイアール（青島）空調機有限公司という合弁企業をハイアール工業団地に設立した。三菱重工は過半数の55％を出資し，三菱重工ハイアールというブランドの業務用エアコンを製造している。双方の分業は，三菱重工は技術輸出，研究開発と品質管理を担当する一方，ハイアールは販売，アフター・サービスと物流を担当する。この会社は今も存続しているので，双方にとってメリットがあるということだろう。ハイアールの歴史で言えば，これは極めてまれな例である。なぜなら，張瑞敏は合弁企業を作る時，ハイアールは過半数の持分，しかもハイアールのブランドを使わなければ，頭を縦に振らないからである。

2001年6月，中東のドバイで行われた家電見本市に立ち寄った井植敏三洋電機代表取締役会長は，ハイアールのブースに惹かれ，自分の目でこの会社の実力を確認したいあまり，同年9月，青島にあるハイアール本社を訪れて，そのスケールの大きさと技術レベルの高さに圧倒された。彼は早速，ハイアール

表 1-1　ハイアールの日本進出

年　月	動　　向
2002年 1 月	ハイアールジャパン株式会社（現ハイアールセールス株式会社）を設立
2002年 2 月	三洋ハイアール株式会社を設立
2002年 6 月	ハイアールジャパンホールディングス株式会社を設立
2007年 2 月	ハイアール三洋エレクトリック株式会社を設立
2007年 3 月	三洋ハイアール株式会社を解散，日本におけるハイアールの製販をハイアールジャパンセールス株式会社に一本化
2007年 3 月	ハイアールソフトジャパン株式会社を設立
2011年10月	三洋電機の白物家電を買収

資料：ハイアールのホームページにより作成。

のトップを三洋電機本社へ招いた。翌月，張瑞敏CEOと楊綿綿最高執行責任者（COO）が三洋電機を訪問し，井植敏はその場で包括的提携を申し入れた。2002年1月，両社は正式に契約を交した。交渉を始めてわずか3ヵ月であった。なぜそんなに早くできたか。その答えには，三洋電機の中国での知名度から分かるであろう。

改革・開放政策（1978年）を実施した直後，中国の教育部（日本の文部科学省に相当）は全国の重点高校の外国語教育を強化するために，貴重な外貨を使って三洋電機製の小型テープレコーダーを数万台輸入した。学校でそのテープレコーダーの存在を知った生徒たちは，一斉に親に「SANYO」を買ってほしいとせがんだという。結局，三洋電機の小型テープレコーダーは全国的なヒット商品となった。よって，松下，ソニー，東芝など日本の大手電気メーカーが本格的に中国に進出するまでは，中国の消費者が最も知っていたのは三洋電機であった。張瑞敏も明らかにその事実を把握していたので，井植敏が進んで包括的提携を申し入れた時は，張瑞敏にとってまさに棚からぼた餅であった。2002年1月，ハイアールジャパン株式会社が大阪に設立された。これをきっかけに，ハイアールは日本進出の扉を開いたのである（表1-1）。

第2章 レノボ

1 はじめに

2011年1月，NECは日本国内のパソコン事業をレノボと統合することを発表し，日本のマスコミに大きな衝撃を与えた。その衝撃は2004年12月に起こったレノボによるIBMパソコン事業の買収より大きかった。なぜなら，日本の消費者はNECのパソコンそのものが日本のパソコン歴史ともいえることをよく知っているからである。それにもかかわらずNECのパソコン事業は，1990年代以降守りの戦略を取り，一生懸命やっても下り坂をたどっていた。2009年に海外市場から完全に撤退し，国内市場に特化しても赤字から脱出できないことが現状であった。NECの「アニュアルレポート」によれば，2007年から2011年までの5年間，パソコン事業を含むパーソナルソリューション事業は，合計65億円の赤字を出している。

ところが，優れた技術力を持つNECはなぜパソコン事業を自力で継続することができず，外力に頼らざるを得なくなったのだろうか。なぜNECは統合の相手が日本の会社ではなく，レノボを選んだのだろうか。また，レノボとはどんな会社なのか。今後の見通しはどうだろう。本章ではこれらの疑問を解いていく。

2 沿　革

北京市の西部には昔，中関村（チュウカンソン）という村があった。1952年に，村全体は中国科学院の建設地に指定されたため，全住民がよその地域に移住させられた。中国科学院は自然科学分野の最高レベルの研究機関と位置付けられ，何万人もの科学者が働いているので，いつの間にか「中関村」は中国科学院の別称となった。

1980年代の初め頃，中国科学院計算技術研究所にもいくつかのベンチャーが誕生した。その中の1社は，1984年11月に生まれた新技術開発であった。

その会社を作ろうとしたのは，2人の研究員であり，その中の1人は柳傳（リュウデン）志（シ）（Liu Chuanzhi）であり，その時すでに40歳であった。彼らの呼びかけで9人の研究員と研究スタッフが集まったが，誰も出資しなかった。その時代，全人民貧乏だったため出資する財力を持てなかった。さらに，出資の意義を理解する人もいなかった。結局，研究所は予算外収入から20万元（310万円）を拠出して会社登録の手続きを済ませた。この20万元の資本金と11人の体制でスタートした会社が，レノボの前身である。研究所が出資したせいで，レノボは国有企業と言われたゆえんである。のちに，柳傳志はこの国有企業の性質を民営企業に変えるために相当苦労した。

柳傳志は，1944年上海生まれ，1961年9月中国人民解放軍軍事電信工程大学に入学し，レーダーを専攻した。いわゆる文化大革命のため卒業が2年も遅くなり，1968年成都にある研究所に配属されたが，1970年中国科学院計算技術研究所に転勤となった。

レノボの最初の商品は，「聯想式漢字変換カード」（漢字カード）であった。聯想とは，日本語の連想に相当する。漢字カードは，パソコンのOSに使われた英語を中国語に変換するソフトなので，外国のパソコンメーカーとソフト会社が中国語版を開発するまで，中国市場でよく売れていた。社名を「聯想」に変更したのはこのようなゆえんがあったからである。レノボは，そこから得た利益をパソコンの開発に投入し，1990年に「聯想」ブランドのパソコンを売り出した。

その後，製品技術というプロダクト・イノベーションによって，中国市場に合う商品を次から次へ開発したので，中国国内のシェアは拡大した。例えば，1990年代の中国ではインターネットを利用するには，プロバイダーと契約する他に，地元政府の通信委員会で登録し接続のたびにいちいち電話をかけなければならず煩わしかった。しかし，「聯想」のパソコンは，テレビのように一つのキーを押せば，インターネットにつながる。これは，プロバイターが要らないのではなく，レノボが顧客の変わりに契約し，それを一機能としてパソコンに付け加えただけである。操作のミスでパソコンが動かなくなる場合，待つか無理やり電源を落として再起動させることは，パソコンの初心者なら誰でも経験したことがあるだろう。しかし，「聯想」のパソコンは一つの「回復」キーを押せば再起動できる。また，コンピュータウィルスが増えてきたことで，レノボは今度「殺毒」キーを増やし，押せばウィルス駆除の作業を始める機能を付け加えるようにした。このようにして，レノボは難しい技術ではなく，実用性が高い技術とサービスをもって，さらに低価格を武器に中国に進出する外国強豪と激しく競争しながら，シェアを拡大していった。そして，1994年2月，ついに香港証券取引所に株式上場を果たしたのである。

1997年，レノボは内外の強豪に勝ち，中国パソコン市場のトップメーカーになり，それ以来，この座を一度もライバルに譲ったことはない（表2-1）。

2003年4月，海外進出を目指し，レノボは社名の英文名をLegendからLenovoに変更した。2019年7月，レノボは510億ドルの売上高で「Fortune 500」に212位にリストアップされている。

表2-1　レノボの年表

年　月	主な出来事
1984年11月	新技術開発を創業
1989年11月	聯想集団に社名変更
1990年 3 月	自社ブランドのPC生産開始
1994年 2 月	香港証券取引所に上場
1997年 1 月	中国PC市場の1位に躍進
2003年 4 月	社名の英文名をLenovoに変更
2004年12月	IBMパソコン事業を買収
2011年 1 月	NECパソコン事業を統合
2011年 6 月	MEDIONを買収
2013年 7 月	世界一のPCメーカーになる
2014年 1 月	モトローラ・モバイルを買収
2017年11月	富士通パソコン事業を統合

資料：レノボの関連資料により作成。

3 ●●● レノボのグローバル経営

3-1　IBM パソコン事業の買収

「IBM パソコン事業の買収」についての詳細は，第 14 章で述べるが，ここでは主に買収後のことを述べる。

買収後，レノボが直面したのは，人材の流失，大口の顧客離れ，弱いブランド力，国際化経営の経験の欠乏などの問題である。言うまでもなく，これらの問題は事前に十分想定していたが，想定外のこともたくさん出てきた。例えば，レノボの国有企業背景を口実にして，アメリカ外国投資委員会（CFIUS）はこの買収がアメリカの国家安全に影響を与えるかを調査しはじめた。たとえその調査の結果は，シロでも大統領のサインを必要とする。言い換えれば，どちら 1 ヵ所でも引っかかれば買収は無効になる。また，イリノイ州選出の共和党議員ドン・マンズローの政治的糾弾も，レノボのアメリカ市場での行動を妨害した。実際，IBM パソコン事業を買収した時点で，レノボの株式のうち，過半数となる 51 %は一般投資家が所有している。親会社の聯想ホールディングの持ち分は 49 %である。しかも，聯想ホールディングも国有企業というより，民間資本が中心となる企業である。中国科学院の持ち分は 36 %に留まっている。だから，アメリカ議会の糾弾は過剰反応としかいえないが，アメリカ社会への影響力が大きいので，レノボにとって厳しい船出であった。

2006 年 1 月号のレノボ社内報「lenovo」には，2005 年の現状を振り返った長い論説を掲載している。それによると，国際経営をスタートした時点で，レノボは四つの山に直面していたことが分かった。それは，資金の山，利益の山，ライバルの山と文化融合の山である。

まず，資金の山であるが，買収前，レノボの資産負債率は 2 %しかなく，財務面では極めて健全であったが，買収後資産負債率が一気に 38.45 %に上昇した。買収に必要な 12 億 5,000 万ドルの資金も足りなかった。幸いにも，テキサス・パシフィックグループ，ジェネラル・アトランティック，およびニューブリッジ・キャピタルという投資会社 3 社から合計 3 億 5,000 万ドルの出資を受けて，買収資金の問題を解決した。ただし，資産負債率は，その後でも下がらない。例えば，統合後初めての決算期2006年3月では，単体37.66％，連結79.27％に上昇した。

二つ目の山は，利益である。IBMパソコン事業は4年連続で赤字なので，買収後いかにして早く黒字転換を実現するかが喫緊の課題であった。これについて，レノボは世間の予測に反して，素晴らしい成果を上げた。統合2ヵ月後の2005年6月，レノボは売上高234％増の196億香港ドルに，経常利益は54％増の5億1,500万香港ドルに達した。言うまでもなく，レノボインターナショナルはこんなに早く黒字転換になったわけではなく，レノボチャイナと一緒に決算をした結果である。言い換えれば，レノボは統合の効果を強調し，内外へアピールするために，レノボチャイナの利益をもってレノボインターナショナルの損益に補填したのである。

三つ目の山は，競争相手の行動である。元IBMパソコン事業の人材と顧客を獲得するためにHPもデルも積極的に動いていたので，「IBM顧客奪取計画」という言葉さえ流行っていた。これに対し，CEOのワードは楊元慶会長と共に，レノボインターナショナルにおける買収のメリットを強調し，また精力的にお客様を訪れて，事情を説明した。結局，人材の流失は2％に抑えられ，顧客の流失も10％以内に留まったにもかかわらず，厳しさは変わらなかった。

四つ目の山は，企業文化の融合である。異なる企業文化が融合できるかどうかは，買収の勝敗を左右するキーポイントである。国境を越える国際買収の場合，なおさら重要である。レノボチャイナは，歴史が短いが，中国の現状に合う企業戦略を立てて，ゼロから出発し，数え切れない困難を乗り越えて業界のトップに這い上がってきた。創業者の柳傳志にせよ，同じ甘苦を味わっていた経営陣にせよ，難局に立ち向い，克服して勝利をものにする企業文化の形成に力を尽くした。彼らの価値観と行動指針そのものはレノボの企業文化の一部になっており，レノボらしい暗黙知が蓄積されていった。ただし，国際経営の経験がないので，レノボインターナショナルの企業文化をほとんど知られていなかった。一方，レノボインターナショナルでは，IBMパソコン事業という歴史的誇りを持っており，国際経営の歴史も長く，規則正しさを求めており，

IBMらしい形式知が蓄積されていった。結局，二つの企業文化を融合するには両方とも努力しなければならない。しかしながら，融合しにくい面は時々現れたが，幸いにも衝突して収拾できない段階にはなっていない。

3-2　国際経営の始まり

レノボは一夜にして世界66ヵ国でビジネスを展開するグローバル企業になったが，その厳しさは想像がつく。国際経営の経験を全く持たないレノボチャイナは，不本意にも当面海外子会社の経営をレノボインターナショナルに任せるしかない。しかし，レノボインターナショナルの経営陣は元IBMパソコン事業の経営陣そのものなので，任せても赤字経営の状態は変わらない。言い換えれば，レノボチャイナにとって，それはやむを得ない措置であった。

それと同時に，彼らは選択と集中を行い，突破する可能性が高い国を選んで，そこに経営資源を集中的に投入した。

まず，ターゲットしたのは，インドである。買収後，レノボはIBMパソコンのインド事業とポンディシェリ工場を引き受けた。その時，インドの個人向けパソコン市場は経済の発展と共に伸びており，元IBMパソコン事業のほかに，HP，デルおよび地元のメーカーが激しく競争していた。外国ブランドは品質が良いが，割高のためシェアの拡大に限界があった。レノボは，綿密な市場調査を行い，元IBMパソコン事業の自前販売をやめ，地元の大手販売会社2社と手を組んで委託販売を選んだ。また，優秀なコールセンター，メンテナンスエンジニア，システムサポーターから構成されるアフター・サービスの部隊を先に派遣して，インド市場にかつてないアフター・サービスの体制を構築した。このようにして，2006年2月，最初の「lenovo」ブランドのデスクトップパソコンをポンディシェリ工場から出荷する時，販売とサービスのネットワークがすぐ動き始めた。「ThinkPad」並みの品質を割安の価格で購入でき，しかもそれ以上のサービスを受けることができたので，レノボのパソコンはたちまち脚光を浴びた。2007年4月，「lenovo」のノートパソコンもこの工場で量産を始めた。同年8月，新たに建設したバッディ工場も稼動を開始した。この工場では年間200万台のパソコンを作っている。さらに2008年4月，レノボは自社開発の「IdeaPad」と「IdeaCentre」をインド市場で売り出した。IDCの調査によると，2018年第3四半期，インド市場でのレノボのシェアは21.3％になったのである。

アジアではインド市場を突破口として攻める一方で，ヨーロッパでレノボが狙ったのはドイツ市場であった。

インド市場と同じように，買収後レノボはIBMパソコン事業のドイツ支社を手に入れた。レノボはドイツをヨーロッパ市場の突破口として位置付け，レノボチャイナから技術開発，マーケティングの精鋭で構成されるチームをドイツに派遣し，ドイツ市場を猛攻し始めた。18ヵ月後，ドイツでの事業はついに黒字転換を実現した。現在，レノボはドイツ市場での成功から得たノウハウを持ってフランス市場を攻めている。

このようにして，レノボはインド，ドイツだけでなく，ロシア，メキシコ，ブラジルなどの国々においても，まず買収直後のシェア縮小傾向を止めて，それから反攻に転じる戦略を取っており，ある程度効果を収めたのである。ところが，肝心のアメリカ市場ではどうだろう。HP，デルという強豪の本拠地ではどのように戦っているのか。

3-3　イメージアップ作戦

IBMパソコン事業を買収したが，世界市場でのレノボの知名度は低く，相変わらず厳しいのが現実である。そのためイメージアップは喫緊の課題となった。しかし，経営資源に限られていたので，レノボはヨーロッパとアメリカ市場を優先にしてイメージ作戦を展開した。

2005年11月，レノボはディズニー社と「ブランド普及協力提携」を行い，ディズニーのマスコットを使うノートパソコンを販売することに合意した。まもなく，ミッキーマウスの図案がデザインされたパソコンはレノボから売り出された。

ヨーロッパでレノボの最初の成功は，2006年2月イタリアのトリノで行われたオリンピックに関連するイベントであった。オリンピックのトップスポンサーとして，レノボは大会に必要な設備，例えばサーバー，パソコン，タッチパネル，プリンターなど合計8,000台を提供しただけでなく，その運営を支障なく行っており国際オリンピック委員会（IOC）から高い評価を受けた。レノボはその勢いに乗って，閉会の翌日トリノをメイン会場として，ニューヨーク，ロンドン，パリ，シドニー，シンガポールなど世界10の都市で「lenovo」ブランドのパソコンの発売を宣言した。

2006年10月，レノボはアメリカプロバスケット協会（NBA）と公式スポンサー契約を結び，製品，技術，マーケットと三つの分野で全面的な協力を行った。レノボはNBAに加盟する30チームに1,200台のパソコンを提供した。特にNBAのためには，試合評価システム「Lenovo Stat」を開発した。同システムは，個々の選手のパフォーマンスのデータを入力すれば，一瞬で処理して選手の評価と采配などの情報を監督に提供するので大いに歓迎された。

2007年1月，レノボは世界で最も人気のある自動車レースであるF1のAT&Tウィリアムズチームのスポンサーになることを公表した。同チームは最も長くF1に参戦し歴史も古く，かつて9回の団体優勝，7回の個人優勝，113回の区間優勝を収めたことがある名門である。

スポンサーになったことは中国ではもちろんのこと，欧米世界でも評判が高く，レノボのさらなるイメージアップにつながったに違いない。

3-4　グローバル経営の人材問題

レノボにとって最も喫緊の課題は人材で，特に上級経営幹部である。IBMとの契約条件の一つとして，元IBMパソコン事業トップのスティファン・ワードが新たなCEOに任命された。元の部下を引き留めるために，ワードは楊会長と一緒に世界中を飛んでいたので，人材の流失を最小限に抑えられていた。それにもかかわらず，先進国では人材流失が出てしまった。例えば，日本IBMパソコン事業のトップは1年後退職した。また，ワード本人も1年後解任されて退社した。この時点で，レノボの世界シェアは買収時の8.2％から7.4％に縮小した。

ワードの後任はウィリアム・アメリオである。アメリオは，かつて18年間IBMで働いていたが，レノボに籍をおく前の肩書がデルコンピュータ上級副社長兼アジア・太平洋・ジャパン統括であった。すなわち，レノボは大きなリスクをかけて直接ライバルから人材をスカウトした。この作戦は，デルとの法廷争いに備えて，あらゆる手段を考えたうえでレノボが敢行した。もし，デルが本気で裁判を起こしたら，レノボが負ける可能性が高い。だから，最終的にデルへ750万ドルを支払って法廷での争いを免れたことはレノボにとって最善の結果であったに違いない。このやり方はこれまでのレノボの人材育成方針に合わないが，アメリカのビジネス世界でよく使われる競争手法なので，レノボも導入することにした。

アメリオは，国際経営に豊富な知識とスキルを持つだけでなく，かつての有力な部下をIBMとデルから多く連れてきた。これらの人材は，国際化経営に乗り出したレノボに大きな戦力をもたらした。言うまでもなく，ライバルの会社，とりわけ古巣デルのアジア・太平洋・ジャパンでの戦力を弱めた。

ところが，アメリオはアメリカ流のリーダーシップを発揮したものの，中国企業の意思決定プロセスに馴染めず，特にレノボの中国人同士の暗黙知を共有できず時間が経つにつれ，コミュニケーションの問題が出てきた。また，プロフェショナルの経営者として，アメリオは四半期ごとの利益を確保するために，人員削減，研究費の抑制などに力を入れていたが，会社の長期的な発展戦略に関心を持たないので，他の経営幹部との間に意見が対立することも時々あった。なおかつそうした内部の問題が未解決のまま，リーマン・ショックによる金融危機が起こり，レノボは前年度の4億8,400万ドルの黒字から，いきなり2億2,300万ドルの赤字に転落してしまい，世界市場でのシェアも7.6％に留まっていたので，レノボはかつてない危機状態に陥った。

3-5　柳傳志の再登板

IBMパソコン事業を買収した後，柳傳志はレノボの会長を退いて，親会社の聯想ホールディング社長に専念していたが，レノボの経営を見守りアメリオ，楊元慶らの相談にも乗っていた。多少の問題があっても基本的にアドバイスの立場に留まっていた。しかし，赤字転落の報告を受けた柳傳志は，ついに行動を起こした。まず，取締役会を通してアメリオを辞任させ，そして自ら会長に復帰し，楊元慶をCEOに就任させ，危機を克服するために再出発した。

新しい経営陣は，まず最高経営会議という組織を立ち上げ，国籍を問わず有能な経営幹部を8人（うち，中国人4名，外国人4名）選んで，2週間に1回のペースですべての重要な案件を議論して決める。しかも，決めたら必ず実行し，約束したら成し遂げるまで責任を持つことにした。これにより，経営幹部は柳傳志の経営ビジョンを共有できるだけでなく，意思決定のプロセスを明らかになり，経営層のコミュニケーション問題もうまく解決できるようになった。

マーケティングに関しては，さっそく内外両面の作戦を開始した。中国国内では，政府の内需拡大政策「家電下郷」（家電製品を農村部で売ろう）に伴う補助金制度を利用して，農村部向けのパソコンを売り出して，トップのシェアをさらに拡大させた。海外では，成熟市場と新興市場を同時に攻勢をかけた。成熟市場とは，先進国の市場のことであり，2005年以降政府や企業向けの出荷が大分減ってしまった。その頃，政治的理由でレノボを糾弾していたアメリカ議会も，姿勢を変え，公的組織と法人からの注文も回復される兆しが見られてきたので，営業強化策を打ち出した。また，ロシア，インド，ブラジルなどの新興国市場でのシェアを拡大するために，プロモーションを強化した。1年後には，166億ドルの売上高と1億2,900万ドルの純利益でV字型黒字転換を実現した。それと同時に，世界シェアは，8.8％に拡大し3位に浮上した。2年目は，売上高前年比30％増の216億ドル，純利益111.2％増の2億7,300万ドルに達し，世界シェアは10.2％を獲得し，「Fortune500」（449位）にも復帰した。3年目は売上高296億ドル，純利益4億7,300万ドル，世界シェア12.9％に躍進し，ついに宿敵のデルを追い越し，HPに次ぐ世界2位のパソコンメーカーとなった。図2-1は，直近12年間レノボの売上高と経常利益の推移である。それによれば，柳傳志の腕前がはっきり分かる。

この実績を見ると，誰も国際経営の経験不足を理由に柳傳志と楊元慶を批判することはできないだろう。事実上，彼らはすでにワードとアメリオの経営に関する成功と失敗を多く学びとったことにより，中国の国情と国際事情に適応するグローバル企業の経営者に脱皮したといえる。

図 2-1　レノボの売上高と純利益の推移

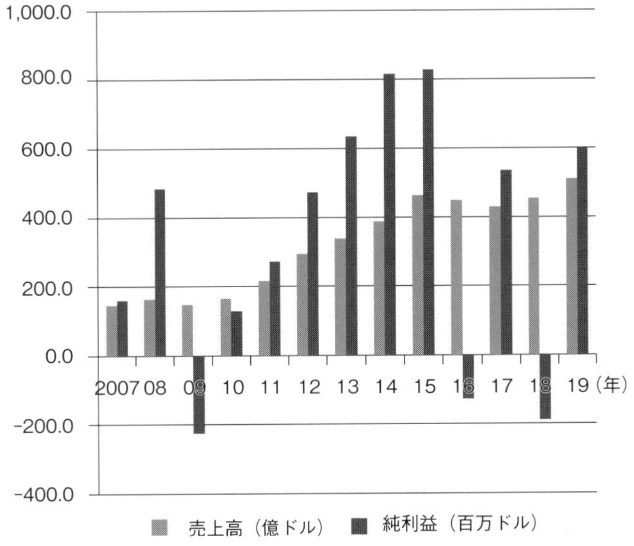

資料：レノボの各年度「アニュアルレポート」により作成。

3-6　楊元慶の時代

2011年11月2日，レノボは柳傳志が会長を退任し，楊元慶がCEOのまま会長を兼任する人事を発表した。この人事について，マスコミは特に騒いでおらず，そこには柳傳志の周到な計画であったからである。すなわち，柳傳志は自分の手で育てた楊元慶の能力と人柄について，もう十分に安心できる段階に来て，経営権を任せてもよいという評価を下したからである。確かに，IBMパソコン事業の買収以来，特にワードとアメリオ両CEOと5年間一緒に仕事したことを通じて，楊元慶はグローバル企業の経営者として十分に鍛えられたともいえる。

楊元慶は1964年合肥に生まれ，上海交通大学コンピュータ・サイエンス学部を卒業，中国科学技術大学大学院修了，コンピュータ・サイエンス修士の学位を持っている。1988年，楊はレノボの初の公募で入社し，1994年3月，29歳の若さでパソコン事業部のトップに就任した。IBMパソコン事業の買収について，楊元慶は最も重要な立役者である。彼の「一生に一度しかないビッグチャンスを絶対に逃したくない」という強い意志がなければ，恐らく柳傳志は頭を縦に振らなかったであろう。

2011年9月9日の記者会見で，柳傳志はIBMパソコン事業を買収した三つの狙いを披露した。一つ目は「ThinkPad」というブランドがほしかった。パソコンの製造を始めたレノボにとって，「ThinkPad」は雲の上の，手の届かない存在であった。二つ目は「ThinkPad」を開発した技術者グループを手に入れようとした。これは中国でいくら金をかけても無理なことであった。三つ目は，国際化の経営資源がほしかった。国際化経営の人材と販売ルートを自力で開発すると，たったの6年間で30億ドルから216億ドルまで成長させることは考えられなかったことである。以上のすべて手に入れたので，柳傳志は，この買収に満足している。

一方，柳傳志はワードとアメリオの失敗および近年のHPをめぐる騒動から，二つのことを悟った。

まず，プロの経営者はいくら優秀でも頭に短期の利益と株価しかなく，長期の発展に関心を持たないので，会社の経営を彼らに長く任せることが危険である。

次に，会社のトップはオーナーでなければならないことである。オーナーでなければ，HPのように何らかの突発事件でトップが解任されてしまったら，社外取締役が多い取締役会では誰も責任を持って経営に手を上げることをしないと思われるので，会社の衰退ないし壊滅になりかねない。百年の会社を作りたい柳傳志はこの問題をずっと研究して考えており，自分の再登板でレノボの業績をV字型回復した後，この問題の解決に力を入れた。

2011年6月17日，レノボの親会社である聯想ホールディングは，楊元慶個人に7億9,700万株レノボの株式を譲ると発表した。1株3.95香港ドルの計算で，この取引の総額は31億4,800万香港ドルである。さすがに年収中国一のCEO（7,872万元，15億7,440万円）といわれる楊元慶でも，こんな大金を持つわけはない。結局，銀行融資により31億4,815万香港ドルが支払われた。しかし，銀行融資の場合，担保が求められるはずであるが，楊は本当にそんな財

図 2-2　2019 年第 1 四半期世界 PC 市場シェア　（%）

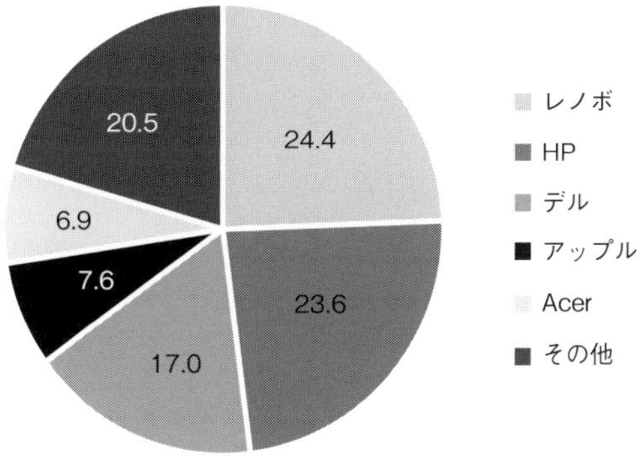

資料：Canalys のデータ（2019 年 10 月 11 日公表）により作成。

産を持っているか。否，それは無理な話しである。ただし，柳傳志は自分の理念を実現するためには何でもするのである。公表はしていないが，実際，聯想ホールディングスが担保しているのではないかと筆者は推測している。これで，楊元慶はすでに保有するストックオプションを合わせて 8.7 %のレノボ株式を持つ最大の個人株主となった。

二代目経営者として楊元慶はレノボを一層強めることができるのか。これからは分からないが，少なくともここ数年間はレノボが着実にパソコンの世界シェアを伸ばしている。Canalys のデータによると，2013 年第 2 四半期以来，レノボはずっと世界パソコン市場で一位の座を守っている。図 2-2 は，最新（2019 年第 3 四半期）のデータに基づいて作成したものである。それにもかかわらず，図 2-1 から分かるように，2016 年以降，聯想の売上が低迷し，赤字は 2 回もあったので，楊元慶の経営手腕の真価が問われていると思われる。

4 ●●● レノボ・ジャパン

元日本 IBM のパソコン事業部は，IBM パソコン事業の売却に伴って 2005 年 4 月 28 日レノボ・ジャパンとして誕生した。レノボ・ジャパンは当初，日本 IBM と同じビルで仕事をするが，2010 年 4 月，六本木ヒルズ森タワー 18

階に移転し，現在派遣社員を含め，約700人が働いている。

元日本IBM大和研究所は「ThinkPad」と「ThinkCentre」の発祥地である。この研究所の技術力は「Think」シリーズの誕生で世界に知られている。先にも触れたように，IBMパソコン事業を買収したレノボの狙いの一つはこの事業所の技術陣がほしかったということである。

一方で，この事業所の従業員は大きなショックを受けた。それまで，アメリカの企業を親会社にして自慢していたが，一晩にしてほとんど知られていない中国の企業が親会社に変わってしまい，心理的ギャップを乗り越えることが難しかった。レノボ側もこの現状を察知していたので，役員を一人も派遣しなかった。初代社長は，元日本IBMパソコン事業部長の向井宏之であった。2代目もデルからスカウトした日本人の天野聡太郎であった。天野の前職はコーポレートディレクター兼ホーム＆ビジネスセールス事業本部統括事業本部長であった。しかし，この二人の在任期間はいずれも短かった。前者は1年5ヵ月であるに対し，天野は2年1ヵ月であった。客観的にみても，この時期はレノボ・ジャパンにとって最も苦しい時期であり，彼らはなかなか腕前を見せられなかった。主観的にいえば，自信を持てなかったことも原因であったのかも知れない。

また，「ThinkPad」は日本の生まれであり，日本の消費者は「ThinkPad」への愛着が強ければ強いほど，レノボへの売却に対する悔しさも深い。一時，消費者離れが目立ち，市場には「ThinkPad」がもう死んだようなムードが漂っていた。筆者は大手電器量販店で調べた時，かつて目立つところにあった「ThinkPad」のブースは隅に移され，販売員も商品プロモーションの意欲を失って，筆者の質問にも元気なさそうに答えていた。概して，日本社会全体がレノボ・ジャパンの見通しを悲観的に見ていたのである。

ところが，レノボ・ジャパンの技術陣は違う。とりわけ「ThinkPad」の生みの親の内藤在正（現取締役副社長）は動揺せず，終始より良い商品の開発に没頭していた。その結果レノボ・ジャパンの高い技術力は，レノボ・グループのグローバル調達力と成熟した応用技術とが結びついて，シナジー効果が現れ，前より品質が良くて安い「ThinkPad」が売り出された。市場の反応も少しずつ変わり始め，レノボブランドに対する抵抗感は大分緩和され，初めてレノボのパソコンを購入するユーザが増えてきたのである。

2008年11月，元デルアジア太平洋地区や日本，オーストラリアでグローバル・セールス，教育・官公庁向け事業を担当するロードリック・ラピンは3代目の社長に就任した。NECパソコン事業との統合について，ラピンは当初から中心的な役割を果たしたため，柳傳志に絶賛された。現在，NECレノボ・ジャパングループ会長，レノボ・グループ副社長も務めている。

2012年5月17日，新会計年度の開始に合わせるプロモーション会議に参加するために横浜を訪れた楊元慶は，「日本経済新聞」の記者のインタビューを受けた際，NECとの提携について，「提携効果は予想以上」，「NECの知名度や技術力と，レノボのスケールメリットの相乗効果が大きい」と話した。実際，2020年春，NECパソコンは5年ぶりアメリカ市場に再参入することになる。これは，レノボに統合されたNECパソコン事業が守り戦略から攻め戦略へ転換する象徴ともいえる。

第3章 ファーウェイ

1 創　業

1987年，43歳の任正非（ニンセイヒ）（Ren Zhengfei）は仲間5人と一緒に，一人3,500元（54,250円）ずつ出して，資本金21,000元（32万5,500円）の華為技術有限公司（以下,「ファーウェイ」という）を深圳市に設立した。しかし，どんなビジネスをするかを考えずに，とにかく儲かりそうなことがあれば何でもやっていた。その後，知合いの紹介で香港にある会社の電話交換機（PBX）の販売代行を始めた。

任正非は，1944年貴州省安順市鎮寧布依族苗族自治県に生まれ，1963年重慶建築工程学院（後に重慶大学に吸収合併）に合格し，工学部給水給熱学科で勉強を始めた。しかし，3年目の後期，1966年5月にいわゆる文化大革命が勃発し，勉強ができなくなった。1968年，彼は機能停止中の大学を離れて，中国人民解放軍工程兵部隊に入隊した。

1982年，任正非は14年間の軍隊生活を終え，退役して深圳にある南海石油開発という国有企業に配属され，子会社の副社長に就任した。

長らく軍の兵営で生活し，軍の命令系統と環境に馴染んだ任は，国有企業のそれに馴染めなかった。完全に燃焼できない状態が2，3年続いていたが，1985年，任はようやく大きなビジネスチャンスを掴もうとした矢先，取引先に騙されてしまい，会社に200万元（3,100万円）の不良債権を残した結果，会社を去らざるを得なかった。失業した彼は，創業の道を選んだ。かつてのベンチャーは二十数年後，中国一のICTメーカーに変身したことは，本人も想像がつかなかったであろう。図3-1は，ファーウェイの売上高，純利益および売

図3-1　ファーウェイの売上高，純利益と売上高営業利益率の推移

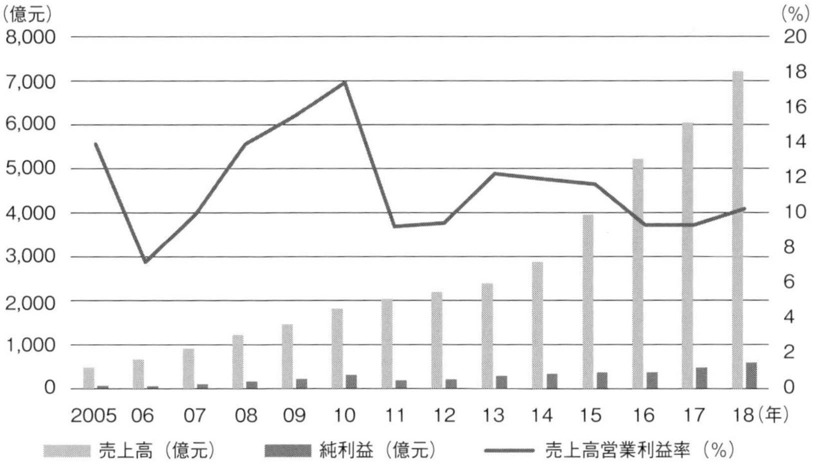

資料：各年度の「アニュアルレポート」により作成。

上高営業利益率の推移である。特に売上高営業利益率の高さに注目すべきである。

2 ●●● ファーウェイの競争戦略

2-1　農村から都市を攻める

1980年代の中国は，外資の中国進出の第一次ブームともいえる時期であったが，また外国企業にとって，本国との連絡は必要不可欠なことであるが，中国のインフラはまだ整備されている状況ではなかった。とりわけ通信インフラの遅れは，外資進出の足を引っ張っていたのである。中国政府は，この問題の緊迫性を考え解決策を模索していた。ところが当時国内のメーカーは，まだ対応できるような技術力を持っておらず，外国製の設備を導入せざるを得なかった。その結果，外国の大手電信設備メーカーは中国市場に殺到し，さまざまな規格と機能のコンピュータ制御交換機を売り出した。日本のNEC，富士通，アメリカのルーセント，カナダのノーテル，スウェーデンのエリクソン，ドイ

ツのシーメンス，ベルギーのベル，およびフランスのアルカテルは，中国都市部の市場を分かち合い，「七国八制」の混乱局面を作り出したのである。

任正非はこの市場の大きさを前々から把握していたが，自分の能力もよく知っており，外国強豪との競争を避けるために，香港メーカーの販売代行から得た利益をすべて人材の採用と農村向けのコンピュータ制御交換機の開発に投入した。

1991年の年末，念願の商品開発がついに成功した。一回目3台の出荷はすべて手作りのものであったが，会社の命運をかけて作り，機能面は全く問題なかった。中国西北地域のある県の電信局に納品したら，お客様が大変喜んだ。なぜなら，その時代「七国八制」のメーカーは大都市の電信局から受注を獲得するために激しく競争しており，内陸部の電信局から注文が来ても相手にしなかったからである。これがきっかけとなり，ファーウェイは中国内陸部の多くの県を制覇して行った。

1998年以降，ファーウェイは戦略を練り，都市部へ攻勢し始めた。外国メーカーは，都市部ですでに広範なシェアを持っており，最初あまり警戒しなかったが，同規格の商品をファーウェイが3分の2ないし半値で売り出したことで，慌てて対策を取り始めた。それに対し，ファーウェイは，「虎口奪食」（虎の口から食べ物を奪う）という戦術を取った。すなわち，強豪と真正面から立ち向い勝負をかけたのである。ファーウェイの従業員はその困難さをよく理解していたが，任正非の強い理念に感化され，なおかつ高いインセンティブに魅力を感じていたので，身を粉にして働いた。

2-2　新興国から先進国を攻める

都市部へ攻勢をかけ，強豪とある程度戦ったが，任正非はこの市場の難しさを感じた。なぜならば，これまで低価格戦略を武器に戦ってきたが，外資系企業も大分値を下げるようになり，ブランド力による勝負のウェイトが高まってきたからである。国内に留まるなら，利益の幅がますます小さくなるので，次の作戦を考えなければならない。いろいろ考えた結果，任正非は国際化経営の道をたどろうとした。しかし，国際化経営について全く経験はなかったので，今度は中国で成功した「農村から都市を攻める」戦略の国際バージョンを作り始めた。

1996年夏，ファーウェイはロシア事務所を開設した。ロシアはかつての超大国であったが，GDPの多くを軍事産業の育成に投入したせいで，民生産業が遅れていた。しかも，国土が広いため，通信設備の更新は外国メーカーにとって絶好な市場であった。ところが，ファーウェイはロシアに進出した時，エリクソン，シーメンスなどの強豪はすでにロシア市場を制覇していた。ファーウェイは知名度のない会社であり，駐在員が顧客を訪れた際，相手にされるはずもなかった。とりわけ，当時日常生活品の不足のため中国から大量の廉価商品が輸入されていたが，偽物が多かったのである。結局，ロシア人の頭にある中国製品のイメージは廉価と偽物であった。これは，ファーウェイにとって大きな悩みの種となった。1997年頃から，ロシア経済はさらに悪化し，ルーブル安が進み，電信市場への投資がほとんどストップしたため，外国のメーカーは相次いで撤退した。しかし，ファーウェイは撤退せず，丸4年間一度も受注を取れなかったにもかかわらず，積極的に顧客を回った。その結果，顧客との間に信頼関係ができたのである。

近年，ロシア市場でのファーウェイの活躍は一層目立ち，モスクワ，サンクトペテルブルクなど大都市のIP/MPLSネットワーク（2010年），モスクワ－サマラ間1,033キロ100G試験局の建設（2011年）および2,000キロの長距離伝送テスト（2011年）などの大型プロジェクトに参加し，ロシア電信インフラの近代化に貢献している。言うまでもなく，ファーウェイの収益も年々拡大している。

ファーウェイの次のターゲットはインドである。1999年，ファーウェイはまず隣国インドのバンガロールに研究開発センターを設立した。インドを選んだ理由は，人口が多いこともあるが，通信インフラが遅れており，市場の開拓に十分な余地があると言われているからである。そればかりでなく，インドのソフト産業が発達し，とりわけバンガロールはその中心地なので，自社開発のハードにインドのソフトをセットして世界市場へ攻めることが任正非の狙いであった。2001年，このセンターはCMM（Capability Maturity Model：能力成熟度モデル）のレベル4認証（定量的に管理された）を，2003年さらにレベル5認証（最適化している）を取得し，ソフト開発分野の世界最高レベルに達したことを示した。技術開発を軌道に乗せた後，ファーウェイはインド市場を攻め始めた。現在，ファーウェイにとってインドは中国に次ぐ世界二番目の市場になり，売上高の約15％を占めている。

次にファーウェイは2001年からブラジルに進出し，市場の開拓に乗り出した。最初の受注は，リオデジャネイロ州内と市内の固定電話網合計700キロの拡張プロジェクトであった。翌年，八つの州はブロードバンドネットワークを構築するために，ファーウェイの設備を導入した。2004年には，Embratel社のルーター公開入札に成功し，同年，CTBC社から新しい移動通信網の構築を受注した。その後，TelemarOi社のGSM（Global System for Mobile Communications）網の拡張プロジェクト，セアラ州の電子政府プロジェクト，ブラジル大手有線テレビ社のIP（Internet Protocol）網拡張プロジェクト，移動電話最大手のVivo社の移動網フレームワークの請負など，順調にビジネスを拡大した。

新興国で成功した後，ファーウェイは先進国市場へ攻め始めたのである。2001年，ロンドン北部でファーウェイ英国有限会社という現地法人を立ち上げた。良好な投資環境に恵まれ，2003年12月，ファーウェイはそれを母体にしてヨーロッパ本部を設立した。その後，エディンバラ，マンチェスター，バーミンガムなどの都市で研究開発センターや事務所を開設して，現地の人材を多く雇用し，2005年ファーウェイは，ロンドン輸出協会において「最優秀中国投資者」に選ばれた。

同2001年，ファーウェイはドイツにも子会社を作った。設立のお祝いのように，PfalzKom社からSTNB都市間ネットワークの建設プロジェクトが舞い込んできた。数ヵ月後，同会社からまたラインランド―プファルズ州の送信ネットワークのプロジェクトを受注した。2005年3月，ファーウェイはQSC社と戦略的パートナーシップを結んで，全国をカバーするNGN（Next Generation Network）ネットワークを建設した。2004年からファーウェイはヨーロッパでの攻勢を強めたため，現在ほぼすべての国々でビジネスを行っている。

2-3　ライバルとの戦い

先に述べたように，ファーウェイの世界各国でのビジネスは順調に進んでいるように見られるが，筆者はアメリカでのことを触れていない。そこには特別な市場と特別なライバルが存在するのである。

シスコシステム（以下，シスコという）は1984年設立したが，1990年ナスダックに株式を上場した。2013年度の売上高は486億ドルに上り，アメリカのビジネス情報誌「Fortune」に「世界500」の214位とリストされ，当時ルーター，IPコミュニケーション関連製品，ネットワークセキュリティ関連製品などを製造する世界一のICT設備メーカーであった。しかし，2018年の「世界500」によれば，ファーウェイは61位に躍進したが，シスコは172位に留まっている。

2001年，ファーウェイは，テキサス州プラノ市でファーウェイ（北米）を設立した。最初に打ち出した広告は極めて挑戦的なものであった。サンフランシスコのゴールデンゲートブリッジ（金門橋）を背景に，「唯一の違いは価格」をキャッチフレーズにした。シスコのロゴは金門橋なので，この広告の意図ははっきり分かるものであった。すなわち，シスコに挑戦するということである。

いうまでもなく，シスコはすぐ反撃を起こした。2003年1月24日，シスコはソフトの特許侵害を理由にテキサス州東区地方裁判所でファーウェイを提訴した。同年3月17日，ファーウェイは初めて116項目もある答弁書を同地方裁判所へ提出した。その中に，ファーウェイはシスコの提訴に対し，109の項目に及ぶ反論を行い，ファーウェイのアメリカ市場での公平的競争を阻止するシスコの意図，すなわち不公平競争を指摘した上で，名誉毀損に伴う賠償請求など7項目が含まれていた。

ちょうど，同じ時期ファーウェイはシスコのライバルであるアメリカの3COMと中国で合弁会社を作る契約を結んだばかりである。そのため，裁判所での第1回目の公開弁論が行われた時，ファーウェイは3COMの会長兼CEOのブルース・クラフリンに証人として出廷してもらい，クラフリンは，ファーウェイに有利な証言をした。また，第三者鑑定としてスタンフォード大学コンピュータシステムラボ専門家のデニーズ・アリソンも証言を法廷へ提出した。結局，判決が出る前に，同年10月1日，シスコとファーウェイは訴訟中止の共同声明を発表した。翌2004年7月28日，シスコ，ファーウェイおよび3COMの3社は共同で裁判所へ訴訟を終結すると申し入れ，和解した。

以上のようなことがあったため，ファーウェイはアメリカ市場での拡張をある程度遅延せざるを得なかったが，得たもののほうが多かったのである。例えば，アメリカ市場で戦う難しさを知り，より一層知的財産権の意識を強化し，自主開発に力を入れるようになった。さらに，もともと無名な会社であったが，マスコミの騒ぎで広く知られるようになった。

2-4　日本市場での健闘

2005年11月，ファーウェイは資本金4億5,000万円の日本法人（ファーウェイ・ジャパン）を設立し，本部を東京の大手町一丁目に構えた。当初20人でスタートしたが，2017年12月現在，従業員は950人を超え，そのうちの75％以上が現地採用である。

ファーウェイ・ジャパンの最初のビジネスは，イー・アクセスの子会社イー・モバイルからの受注であった。2006年7月，イー・モバイルは日本の携帯電話市場における4番目のプレイヤーとして，先発者との差別化を図るために，W-CDMA（Wideband Code Division Multiple Access）とHSPA（High Speed Packet Access：高速パケット通信）ネットワークを構築する3G設備のサプライヤーとしてファーウェイを指名した。記者会見に駆けつけた千本倖生イー・アクセス会長と任正非ファーウェイCEOは，この提携の意義を高く評価した。

これを皮切りにして，ファーウェイとイー・モバイルの間に，パートナーシップの関係ができた。その後，ファーウェイはイー・モバイルから既存設備の拡張工事をしてもらう一方，イー・モバイルの要望に応じて最新型の端末を継続的に提供していった。イー・アクセスの健闘ぶりを見て，ライバルの3社も同じ行動を起こした。

2009年5月，ソフトバンクは，ファーウェイから調達したアジア初ネットワーク対応のデジタル・フォト・フレームを発表した。同年11月，NTTドコモも，3Gネットワーク対応大画面デジタル・フォト・フレーム「ファトパネル02」をファーウェイに発注した。2011年9月，KDDIも，WiMAX対応で下り最大40Mbpsの高速通信を実現するモバイルWi-Fiルーターをファーウェイから調達した。

このように，ファーウェイは日本の携帯電話4社にそれぞれの商品とサービスを提供しているが，先行者利益はイー・アクセスの方が大きかった。

2011年2月15日，ファーウェイ・ジャパンは，日本経済団体連合会に加入した。89社の外資系企業が経団連のメンバーであるが，中国系企業としては第1号となった。

上に述べたことをまとめると，ファーウェイの国際化経営に伴う競争戦略が窺える。すなわち，中国で執った「農村から都市を攻める」戦略を海外へ移植して「新興国から先進国へ攻める」戦略に変えて進めている。この戦略を実施してからまだ十数年しか経っていないが，効果がすでに現れている。それはファーウェイの売上高の中にある海外売上高の割合を見れば分かる（図3-2）。

図3-2　売上高に対する海外売上率の推移　（%）

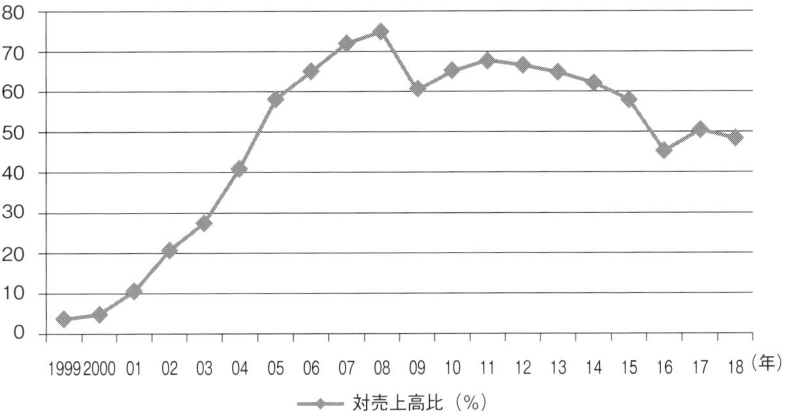

資料：①各年度の「アニュアルレポート」により作成。
②2005年までの海外売上率は契約ベース。

3 ●●● ファーウェイの成功要因

3-1　毛沢東軍事思想の活用

任正非は1968年から1982年まで14年間軍隊にいた。その時代，中国人民解放軍の唯一の指導思想は毛沢東の軍事思想であった。普通の兵士と高官を問わず，同じ軍服を着ているし，階級制度も回復されていないので，官兵平等の意識の下で毛沢東の本を毎日読まなければならなかった。とりわけ，弱者はいかにして強者に勝つかをめぐって，毛沢東は多くの論著を書いており，しかも実践によって中国の現状に合う理論であることが検証されていたため，「農村から都市を包囲し，最終的に都市を占領する」，「優勢の兵力を集中し，敵の弱い部分を攻撃する」，「戦略上は敵を無視するが，戦術上は敵を重視する」など，毛沢東の名言はみんな暗誦できるほど覚えていた。勉強熱心な任正非は，さらに他人より読書量が多く，何回も年度の「毛沢東著作学習の模範」に選ばれた。

このような経歴があったため，任正非はビジネスの世界に身を置いても，時々毛沢東の軍事思想をもってファーウェイの競争戦略を考えていた。「農村から都市を攻める」，「新興国から先進国を攻める」などの競争戦略は，まさにこのような背景から自然的に生まれたものである。「優勢の兵力を集中し，敵の弱い部分を攻撃する」ということについて，任正非もうまく実践していたのである。例えば，入札に参加する場合，任正非は必ず社員を総動員して，ライバルより速く設備のサンプルまたはソリューションを完成し，お客様に届くようにした。発注側は，必ずしもファーウェイの製品とソリューションに気に入るわけではないが，そのスピードと熱意に加えて魅力的な安さで，ついファーウェイを選んでしまった事例がたくさんある。

3-2　技術立社

技術立社という言葉は筆者の造語であるが，これまでの調査で得たデータから言えば，ファーウェイはこの道を迷わずにたどっていることが分かる。

まず，会社を設立してからまもなく，自社製品を開発するために理工系の大学生を積極的に採用した。この伝統は現在でも変わらず，しかも増えつつある。例えば，2018年，全従業員18万8,000人の中にはR&D（Research and Development：研究開発）従業員が8万人を超え，45％を占めている（図3-3）。大勢のR&D従業員は何をしているのか。これについて，ファーウェイのR&D方針は2番手主義といえる。すなわち業界のR&Dトップ企業は，新技術，新製品を開発し，なおかつその商業的価値を証明した後，ファーウェイは経営資源を集中的に投入してR&Dを進める。このやり方はかつての松下電器（現 パナソニック）に似ている。松下電器は，先行開発のリスクを軽減するため，ソニーの新商品発表を待って市場の反応を見てから追いかけ始め，しかも技術開発費の代りに広告宣伝費を多く使ったため，結局ソニーより収益が高かったケースが広く知られている。

視点を変えて言えば，ファーウェイの技術開発力は，まだ一流のレベルに達していないのではないかと思われる。ファーウェイは一流の科学者を雇わない代りに，理工系大学電気通信関係の学部生・院生を毎年たくさん採用している。場合によって，1クラスの卒業生を丸ごと採用することもあった。さら

図3-3　R&D従業員と一般従業員の割合

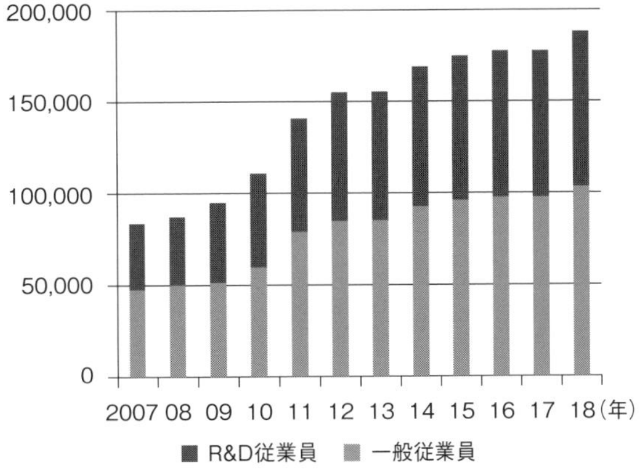

資料：各年度の「アニュアルレポート」により作成。

に，ファーウェイは問題解決につなぐ応用技術を，人海戦術で開発している。これは，社名に「技術」を入れているが，「科学」を入れないことからも分かる。通常，よく「科学」と「技術」を一緒に使うケースが多い。しかし，ファーウェイは技術万能主義ではない。任正非は，「技術者は技術を宗教のように崇拝してはいけない」，「エンジニア商人になって下さい」，「技術というものは金にならなければ，何の価値もない」とよくR&D従業員に説教している。市場で顧客の本当のニーズを知るために，ファーウェイは毎年R&D従業員の５％をマーケティング部門に移籍させ，逆にマーケティング部門から一部の従業員をR&Dに従事させている。

しかし，２番手主義にこだわるなら，１番手に技術を盗むとか真似とか批判されることは，やはり不都合のことがある。この汚名返上を目指すために，ファーウェイは技術の自社開発と特許の出願に一層力を入れている。十数年の努力によって，特許の出願数は中国で１，２位を争うようになり，世界においてもトップレベルといえる。例えば，世界知的所有権機関（WIPO）の発表によると，2018年の特許の国際出願件数で，ファーウェイは5,405件で２年連続世界一にランキングされた。図3-4は，ファーウェイの特許出願数の推移である。

このような数多い特許の中で本当にライバルを阻止できる中核技術はまだまだ少ない。大半は非中核技術の改善である。しかし，まさにブレインストーミングの原則の一つである「量から質」が示したように，良いアイデアを求めるために，まずたくさんのアイデアを出さなければならない。ファーウェイも特許から収益を取る日がいつか来るだろうと思う。

3-3　世界の強豪と提携

任正非は，自分とファーウェイの弱さをよく理解しており，いつも危機感を持っている。自社では開発できない分野については，謙虚な姿勢をもってその分野のリーディングカンパニーに提携を申し入れる。言うまでもなく，ファーウェイに力がない時は，どの会社からも相手にされなかった。それにもかかわらず，相手の企業が任正非の誠意に感動するとか，あるいはファーウェイの中

図 3-4　ファーウェイの累計特許出願数の推移

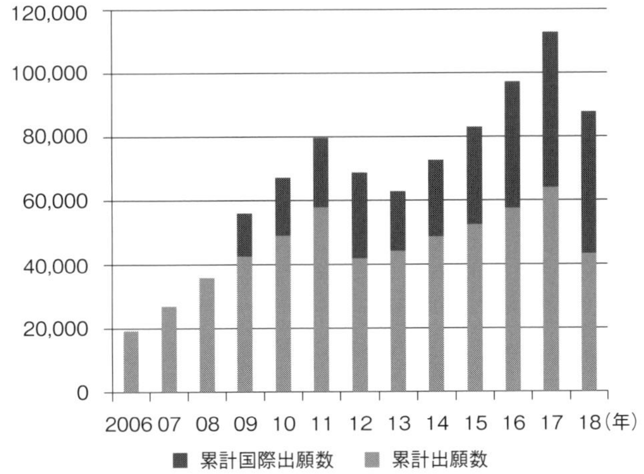

資料：各年度「アニュアルレポート」により作成。2018年のデータは特許権を持つもの。

国市場での健闘ぶりを見てその潜在的価値を悟ったとか，とにかく世界の強豪も次第に応じるようになっていったのである。例えば，Sun，AT&T，マイクロソフト，インテル，NEC，富士通，パナソニック，シーメンス，サムスンなど，いずれもファーウェイと提携したことがある。

ファーウェイは二つの方法で世界の強豪と提携を進めている。一つは，先に述べたように共同研究機関（実験ラボ，研究所）の設立で，もう一つは合弁企業を作ることである。これまで，電気通信のハードとソフト両面で世界の強豪との間に，多くの協働プロジェクトを立ち上げてきた。

3-4　高品質，低価格と良いサービス

すでに本格的な中国発グローバル企業になったファーウェイだが，品質を落としたら世界でビジネスをすることができるわけがない。ISO9000とか14000とか，そんなものはすでに当たり前のことである。さらに，ファーウェイは終始業界のトップに基準を照らして努力を続けている。

日本では，非常に良い例がある。「東日本大震災」の時，首都圏でもほとんどの携帯電話に通信障害が起こったが，ファーウェイの設備を導入したイー・モバイルの携帯電話はうまく接続できた。震災後，ソフトバンク，NTTドコモ，KDDIは，相次いでファーウェイに設備を注文してきた。なぜならば明らかにそれと関係がある。言い換えればファーウェイの製品の高品質は，震災で検証されたかたちになったからだ。

ところが遡ること25年ほど前，1990年代の前半ファーウェイの製品は高品質どころか，低品質としか言えなかった。それにもかかわらず，ライバルより3割，5割安く販売するので，購入者がいたのである。品質に問題が出た場合，ファーウェイのエンジニアはすぐ現場に駆けつけ，しかも問題解決まで昼夜を問わずに仕事を続けた結果，良いサービスの評判を得た。現在，ファーウェイは世界170以上の国と地域でビジネスを展開しており，クレームが来たら現場に一番近いサービスセンターからエンジニアを派遣し，24時間以内に到着することを原則としている。

また，昔のやり方と違い，ファーウェイは低価格と決別しようとしている。昔は，業界の最低価格をもって参入していたが，現在，中価格帯のオファーが増えている。それでも日米欧のライバルに比べると，ファーウェイの製品はまだまだ安い。このように高品質，低価格と良いサービスが，ファーウェイの持続的競争力を支えているのである。

3-5　ファーウェイのアキレス腱

ファーウェイは数え切れない困難を乗り越えて，ここに至っているが，時々外国政府に競争の場から追い出されている。

例えば，2007年9月，アメリカの投資ファンドであるバインキャピタル・パートナーズは，ファーウェイと手を組んで，22億ドルで3COMを買収することを発表した。しかし，アメリカ政府の外国投資委員会（CFIUS）は3COMがペンタゴン，陸軍，情報機関へアンチウィルスの設備を提供していたので，「国家安全を侵害する恐れがある」ことを理由にこの買収を否決した。

2010年5月，ファーウェイのアメリカ子会社Future Weiは，破産した

3Leaf（サンタクララにある技術系ベンチャー）を買収した。しかし，半年後CFIUSは任正非の軍人出身を理由に，ファーウェイに買収を白紙に戻すよう勧告したため，ファーウェイは買収を断念した。

2012年3月，ファーウェイはオーストラリア全土に高速通信網を敷設する総工費420億豪ドルの事業に参加しようとしたが，オーストラリア政府に拒否された。

これはなぜだろう。外国側があげた主な理由は二つある。

一つは，軍と中国政府との関係である。もう一つは，所有権不明ということである。

確かに，任正非は軍の出身で，元会長の孫亜芳も国家安全省の出身である。しかし，任は工程兵部隊の技術者であったし，1982年すでに退役されただけでなく，1985年，中国政府は100万人の軍人を削減し，工程兵部隊そのものを無くしたので，今でも軍と親密な関係を持つことは考えられない。孫も平公務員として国家安全省で働いたことがあるが，20数年前に転職したので，今も役所の人間を動かしビジネスをしていることはやはり考えられない。もしそれができれば，恐らく汚職に巻き込まれてしまうであろう。これまで，ファーウェイの経営陣に絡む汚職事件は一度も聞いたことがない。

もし，単に軍人出身を理由にしてファーウェイを否定するなら，説得力がない。例えば，レノボの柳傳志も軍人出身である。だから，問題は軍人出身ではなく，任正非が内外のマスコミに一切会わなく，自分を隠そうと見られてしまうことにある。しかし，近年，任正非はマスコミに会うような動きがようやく出てきた。

政府との関係について，中国の事情を多少知っているならその原因が分かると思う。地方政府は経済の持続的な発展を達成するために，地元の有望な企業をサポートするわけである。主な方法は二つある。すなわち，減税と名誉である。例えば，「ハイテク企業」，「省エネ先進企業」の認定とか，「創新（イノベーション）企業」の選出とか，当てはまれた企業に所得税の免除または軽減という優遇政策を実施する。ファーウェイはよくこのような優遇を受けたことが事実ある。ファーウェイの発展に伴って，サポート側もレベルアップになる。例えば，最初は区政府，その後深圳市政府，広東省政府，さらに中央政府レベルになるわけである。ただ，政府の優遇政策はある特定の企業に限定せず，全産業に向けるのである。基準に達成すれば，どの企業も同じ優遇を受けることができる。名誉とは，中国特有のことである。地方政府にせよ，中央政府にせよ，毎年何かの表彰大会を開催する。例えば，「全国創新企業トップ10」，「全国優秀企業家20人」，「全省輸出企業トップ10」など，さまざまある。選出された企業とそのトップに賞状または賞杯を授与する。これらの名誉は，企業とそのトップのイメージアップにつながるので，間接的に企業の利益増大に寄与している。中国では，これが正常なビジネス環境とも言える。これをもってファーウェイは政府との間に特別な関係あると批判することができない。

所有権については，確かに分かりにくい。設立メンバーは均等して出資したため，任正非は最初6分の1の株を持っていたが，有能な人材を採用するために，また従業員を奨励するために，手持ちの株式がどんどん希薄になり，オーナーというより一株主になった。ファーウェイの『2018年度アニュアルレポート』によると，任正非の持分は約1.14％しかなく，残り98.86％の株式は深圳市華為投資ホールディング労働組合委員会（従業員持株会に相当）が持っていることが分かった。この深圳市華為投資ホールディング労働組合委員会は2014年12月31日現在82,471人の従業員から構成されている。言い換えれば，約半分の従業員は株式を持っているということである。しかも，ファーウェイの株式は独自のルールで運営しているバーチャルのものである。例えば，入社後2年目の正社員は，株式を購入する資格を与えられる。しかし，1株を1元で購入するが，どれくらいの株式を購入できるかは業績により定まる。その後，高い配当金（30～70％）を毎年1回受けられるが，会社を辞めるなら，株式の含み益を計上できずに，持分を同じ価格で会社に売却しなければならない。言うまでもなく，任正非は1.14％の持分しかないものの，創業者かつCEO（数年前から，輪番制CEO）のため，絶大な権力を持っている。だから，いわゆる資本の論理をもって説明することができない。一方，こんな仕組みのため，ファーウェイは株式を上場することができない。なぜなら，中国の法律は従業員持株会の株式の流通を禁じているからである。これも外国人投資家の不評を招いた原因の一つである。多くの投資ファンドは，有望なファーウェイ株の上場を期待していたが，例外なく失望している。

第4章 三一重工

1 はじめに

2011年3月の東日本大震災と津波が発生した後，福島第一原子力発電所で活躍する大型コンクリートポンプ車をテレビで見た日本人は大勢いるだろう。ほとんどの人は驚くと同時にぜんぜん聞いたこともないSANYとはどんな会社だろうと不思議に思ったことも事実であろう。これが三一重工が日本で知られるきっかけとなった。

SANYは三一重工のブランドで，「三一」の中国語発音Sanyiの中のiを省略して考案されたものである。「三一」とは，創業者の理念である三つの一流，すなわち，「一流の企業を創立する」，「一流の人材を育成する」，「一流の貢献を行う」ことを示したものである。

三一重工は，三一グループが1994年湖南省長沙市に設立し，コンクリートポンプ車，クレーンなどの建設機械を製造するメーカーである。2018年度の財務データは，資本金78億元（1,209億円），売上高は558億2,200万元（8,652億円），営業利益は61億1,600万元（948億円），売上高営業利益率は11.29％，純利益は60億3,700万元（936億円），R&D支出は30億元（465億円）で売上高を占めるパーセンテージは5.38％となった。また，従業員数は17,383人である。図4-1は，2018年中国建機市場における各社のシェアである。

図 4-1　2018 年中国建機市場における各社のシェア　（単位：%）

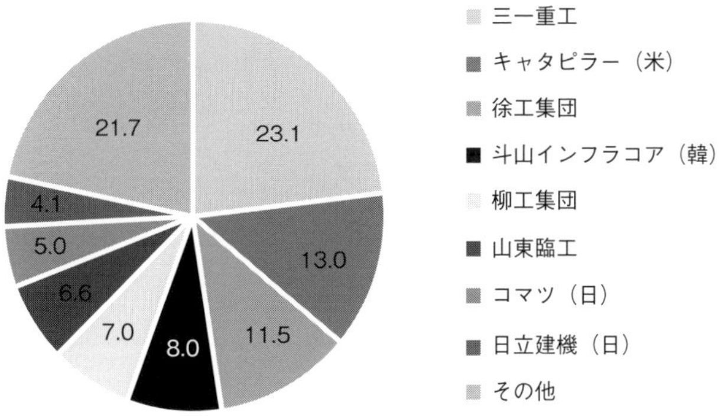

資料：中国工程機械工業協会のデータにより作成。

2 ●●● 創業前の挑戦：戦略なしの野望

1984 年当時，中国の改革・開放は 5 年目に入り，経済体制の変化をチャンスと見て，何かをしようとする若者が大分増えた。湖南省漣源県茅塘郷（後に漣源市茅塘鎮に昇格）にいる梁穏根（Liang Wengen）もその一人である。彼は，1983 年に華中地方の名門である中南鉱冶学院（現中南大学）材料学部を卒業した後，国有企業の洪源機械工廠に配属された。もともと理系出身であったが，在学中経営管理の本をたくさん読んでいた。企業経営に引き付けられたため，現場の仕事をしながら，彼は国有企業の体制改革に関心をもって，時々上司へ自分なりの提案を提出した。文化大革命が終わった後の大学卒業生は，その工廠にはまだ少なかったし，まして頭の回転が速い梁は，工廠の上層部に注目されて，飛び級のように昇進し，1985 年すでに体制改革室の副室長（副部長クラス）に任命された。

まだ 29 歳の梁穏根は，就任後一生懸命働いていたが，国有企業の現状を知った後，その問題解決に自分の無力さを感じたため，ビジネスの道を志そうと決意した。彼は，自分の考えを仲間に披露し，協力を求めた。幸いにも，一緒にやろうと申し出てくれた仲間が 3 人いた。結局，4 人でひそかにビジネスを始めた。

しかし，4人とも理系の出身で，ビジネスの素人なので，何をどうすればよいかを全く知らなかった。当時，漣源県では羊肉が大人気の商品で，どこかの仕入先があれば，絶対儲かることを誰でも信じていた。梁稳根らは，このビジネスに乗り出し，あちこちで羊肉の仕入先を探して，ようやく羊肉を漣源県に持ち帰った時，市場の価格が急落したため，儲かるどころか赤字決算となった。工廠側は，梁稳根らの行動を知ったが前例のないケースであるし，中央政府も踏み石を探しながら改革せよと呼びかけたので彼らを処分しなかった。

改革・開放の初期段階，会社法，商取引法，消費者保護，人事制度などありとあらゆる分野では，市場経済に必要な法整備とルール作りは，改革の実践に遅れを取った。経済体制の改革にはみな賛同するが，いかにして改革するかは誰も知らなかった。まさに「乱世出英雄」（乱世から英雄が生まれる）という中国の諺があるように，こんな混乱の状態から勇気をもってチャレンジする人たちこそ英雄になる可能性が高い。ただ，ほとんどのチャレンジャーは，熱意と衝動の他に何の経営資源も持っていなかったため，失敗は避けられなかった。筆者はこれを戦略なしの野望と名付けた。

実は，今日世界的に知られる中国発グローバル企業，例えば，パソコンのレノボ，ICT（情報通信技術）のファーウェイもそれに似ている失敗があった。

3 ●●● 第一次創業：技術戦略

1985年の秋，梁稳根ら4人はそろって洪源機械工廠に辞職願を提出して退職した。今現在，創業のため会社をやめることはごく普通のこととなってきているが，当時リスクが極めて大きい行動としかいえなかったのである。一般に内陸部の貧しい農村で育った若者は，大学に入って，卒業後再び故郷に戻り，地元一の国有企業で働くことが最高のキャリア・コースと見なされていた。しかし，この4人は安定の仕事，収入と福祉，都市の戸籍などをすべて捨て，なおかつビジネスの目途も付かないまま国有企業を辞めたため，批判の声を浴びた。梁稳根の父親は天秤棒を持って息子を殴りつけるほど怒ったという。それにもかかわらず，後戻りはできない。4人は背水の陣でビジネスの戦場に赴いた。

4人は何をやるかを議論した後，酒造りを決めた。その理由は，地元に酒造りの資源が豊富であるし，マーケットがどこにも存在することであった。しかし，現実はそれほど甘くなかった。酒造りも完全に失敗した。他人から見れば，いかに無謀な行動をしたかがすぐ分かるが，なぜかその時の当事者は全くそう思わなかった。まさに，熱意が過剰である一方，冷静さが不足していた。

わずかな手元資金6万元（93万円）も枯渇し，生活費を稼ぐことが喫緊の課題となった。そこで，4人は道を開くために別々で行動をはじめた。2人は隣の貴州省に行って，ある政府機関と合弁企業を作ってガラス繊維工場の経営に携わっていた。もう一人は小売をはじめ，日銭を稼いだ。梁穏根は彼らに支えられて，ビジネスのシーズを探すためにあちこちを奔走した。

翌年，梁穏根はある有色金属熔接材料が市場で過不足するという情報をキャッチして，ぱっとヒントを得た。なぜなら，彼ら4人の中で，大学在学中，金属材料を専攻したのが梁自身を含め3人もおり，さらに漣源県は全国で有名な有色金属の産地なので，人的資源も物的資源も揃っていたからである。

ようやく方向性を見つけた梁穏根らは早速行動を起こしたが，資金がなかった。自分たちのポケットマネーをすべて出したことは言うに及ばず，親戚と友人にまで借金をして集めた金額は6万元（93万円）にしかならなかった。その資金を使って，賃料が安いあるビルの地下室を借りて，最小限の設備を搬入してから，漣源茅塘熔接材料工廠（レンゲンマオタンヨウセツザイリョウコウショウ）という看板を出した。

この地下室で梁穏根らは，ある銅基熔接材料の開発と悪戦苦闘している。数ヵ月後，試作品がついに出来上がった。希望をもって，ある会社に送って使ってもらったがすぐ返品された。理由は品質が悪くて使いものにならなかったのである。4人はあっという間に絶望の崖っぷちに立った。

いくら頑張っても自分らの知識不足の壁にぶつかった梁穏根は，大学の恩師翟登科（テキトウカ）教授を思い出した。しかし，大学所在地の長沙から僻地の漣源県茅塘郷までの移動は大変なことになった。長沙から漣源までは各駅停車の汽車しかなかった。さらに，漣源から茅塘郷まで30キロもあるため，梁穏根はトラクターの荷台に藤の椅子を載せて恩師を迎えに行った。

翟登科教授は，材料学の専門家であり，彼の指導のもとで梁穏根らは，銅基熔接材料の技術的ネックをついに克服した。漣源茅塘熔接材料工廠の商品は，国家が定めた技術標準に達した。これは梁穏根らの起死回生ともいえる転換点となった。

3年後，この小さな町工場は熔接材料のビジネスで約100万元（1,550万円）の資産を蓄えた。1989年6月，正式に法人として登録し，社名は湖南省漣源市熔接材料廠（コナンショウレンゲンシヨウセツザイリョウショウ）とした。その後，会社の発展は，著しく加速し売上高が急増し牧場を買収する余裕さえ出てきた。1991年3月，梁穏根は会社を漣源市に移し，社名を湖南省三一集団有限公司に変更した。

ここまでたどってきた道のりは，世間の技術系経営者がたどった道のりとほぼ同じである。すなわち，自分が分かる技術を生かしてビジネスを展開する。筆者はこれを「技術戦略」と名付けた。技術戦略のメリットは，三つある。①経営者は技術を知り，技術の進歩と共に商品のアップデートができる，②自社開発の技術であれば，先行者利益を長く享受できる，③市場にニーズがあり，商品の売行きは安定的である。ただし，技術系経営者の共通の問題は技術に対する過剰な思いである。すなわち，技術崇拝に陥りやすい。また技術優先のため，マネジメントを軽視しがちである。幸いにも，梁穏根はこの問題に早く気づき自力で脱出したのである。

4 ●●● 第二次創業：企業戦略

第一次創業は，成功したと言ってもよいが，大きな成功とは言えない。特に，銅基溶接材料は商品化したが，売上高は1億元（15億5,000万円）を超えた後，思うように伸びていなかった。同じ時期，漣源市にはこの会社より遥かに高い伸び率で成長しているエアコンメーカーもあるので比較してみると，梁穏根は不思議に感じた。ネックはどこにあるのか。その原因を究明するために，彼は市場調査と専門家訪問を精力的に行った。その結果，二つのことが分かった。一つは，有色金属材料という業界は，多品種少量生産，市場の規模が小さいことが特徴であった。言い換えれば，パイが大きくならない。もう一つは，本社の立地が悪い。漣源市は大都市より遠い僻地とも言え，情報が少なく交通も不便で，優秀な人材を集めることができなかった。梁穏根は取締役会で原因分析を行って，みなこの問題意識を共有するようになった。

同じ時期，鄧小平の「改革を加速しろ」という大号令の下で，中国のいたるところでインフラ整備，工場建設，都市改造を行っており，建設機械の不足が深刻な問題になった。梁穏根はこのビジネスに参入しようとした。ところが，同じ創業メンバーの3人は反対した。理由は建設機械を知る人がいない，新しいビジネスをやるなら機械産業という斜陽産業に参入するより，不動産，電子，ソフトドリングなどの産業に参入するほうがいい，などが挙げられた。確かに，彼らが間違っているとは思わなかった。

梁穏根は，国内建設機械業界の現状をもって仲間を説得した。当時，建設機械を製造するのはすべて国有企業であるが，計画経済のため，競争力が弱かった。そのため，キャタピラー，プツマイスター，コマツなどの外資系企業は中国に進出した後，国有企業のシェアがあっという間に無くなってしまった。言い換えれば，国有企業は建設機械の分野で外資と競争ができなかった。これは民間企業にとって，ビジネスチャンスであった。また，機械産業の斜陽産業論について梁穏根は，斜陽の商品はあるが，斜陽の産業はないと信じ，良い商品を開発できれば外資と競争ができると力説した。結局，取締役会は大都市（湖南省省庁所在都市の長沙）に進出し，大産業に進出するという「二進戦略」を制定した。

「二進戦略」を実施するために，梁穏根は新事業に専念し，他の3人は相変わらず熔接材料工廠の経営に携わり，そこから得た利益をすべて新事業に投資することになった。

梁穏根はまず人工ダイヤモンド合成機械の製造に参入した。このビジネスは後に新事業のメインにならなかったが，本格的な機械製造のための準備となった。

1993年当時，中国の建設市場では，コンクリートポンプ車のニーズが極めて高かったが，製造できる中国企業は2社しかなく，しかも規模が小さく市場の急拡大に対応できなかった。結局，輸入が増えてドイツのプツマイスター1社だけで90％のシェアを占めていた。このような現状を知った梁穏根は，コンクリートポンプ車の製造を決断した。しかも，最初からプツマイスターをベンチマークにしていた。誰も想像できなかったのは19年後，かつての巨象であるプツマイスターは三一重工に買収された。これについては，次節で述べる。

1994年11月，梁穏根は会社組織を大幅に再構築した。新たに出来上がったのは，建設機械をメインビジネスにする湖南三一重工業集団有限公司（以下，三一重工という）と，従来のビジネスを継続する湖南三一（集団）材料工業有限公司である。二つの会社とも長沙で登記した独立法人である。

コンクリートポンプのコア技術は油圧制御システムである。中国メーカー2社はこの技術を持っていないので，日本のIHIから技術を導入してコンクリートポンプを製造していた。三一重工は，技術を導入する資金力がなかったので，自主開発するしかなかった。しかし，技術力を総動員して開発した商品であったが無残に返品されてきた。その結果，在庫が増え資金繰りが悪化し経営が危なくなった。

技術のネックを克服するために，梁穏根は全国の研究機関を訪れて，人材を探した。北京自動化研究所で，彼は油圧技術研究室長を務める易小剛（エキショウコウ）に会った。それで，易小剛は産学連携の形で三一重工にやってきた。

易は，油圧技術の専門家であるが，コンクリートポンプを研究したことがなかった。彼はIHIの技術を詳しく研究した後，異なる視点で設計を始めた。1年後，彼が設計した新型ポンプはついに成功した。輸入品に比べると，操作が簡単で，圧送力が強く，低価格などの特徴があるため，たちまちヒット商品になった。象牙の塔のような政府系研究機関でノンビリした研究生活を過ごしていた易小剛にとって，技術者としてかつてない達成感を体験したため，その場で三一重工に入社した。梁穏根も技術のキーパーソンを得たため，易小剛を技師長に任命した。

易小剛の入社は，三一重工にとって飛躍的な起爆剤となった。その後，三一重工のコンクリートポンプは，絶えず中国一の記録を更新している。例えば，

表 4-1　三一重工のコンクリート圧送技術の進歩

施工年	ビ　ル　名	到達高度（m）
1997 年	深圳賽格スクエアビル （地下 4 階，地上 72 階，高さ 354m）	300.8
2002 年	香港国際金融センター （地下 6 階，地上 88 階，高さ 415m）	406
2007 年	上海グローバル金融センター （地下 3 階，地上 101 階，高さ 492m）	492
2013 年	上海センター （地下 5 階，地上 121 階，高さ 632m）	580

資料：三一重工およびマスコミの報道により作成。

コンクリートの圧送技術は，世界中で争っている技術的難題である。特に高さが 300m を超えると，1m を伸ばすだけでも至難の業である。これまで，400m に達したのは，プツマイスターだけである。しかし，三一重工は 5 年ごと 100m も伸ばし，中国一ないし世界一の記録を作り出した（表 4-1）。

コンクリートポンプ車の技術についても同様である。車台から伸びた細長いブームの長さは，到達距離を左右するキーポイントとなる。三一重工は 2007 年に世界一となる 66m のブームをつくりギネス世界記録を樹立して以来，2009 年に 72m，2011 年に 86m と二回も世界記録を更新した。このような技術力があるため三一重工は，2002 年から中国のコンクリートポンプ車市場でシェア 1 位という不動の地位をずっと守っているのである。

言うまでもなく，このような実績を作り出したのは，キーパーソンの易小剛にほかならない。現在，易は三一重工の執行総裁兼総技師長で，技術だけでなく経営にも携わっている。

5 ●●● 第三次創業：国際化戦略

三一重工の年報によれば，売上高，営業利益と純利益は 2012 年から 4 年連続で減少している（図 4-2）。その原因は三つあると思う。

一つ目は，中国経済全体の減速である。これまで GDP の前年比伸び率は 10 %前後であったが，2012 年から 7 %台に減少している。経済発展の減速は

図 4-2　三一重工の財務データ

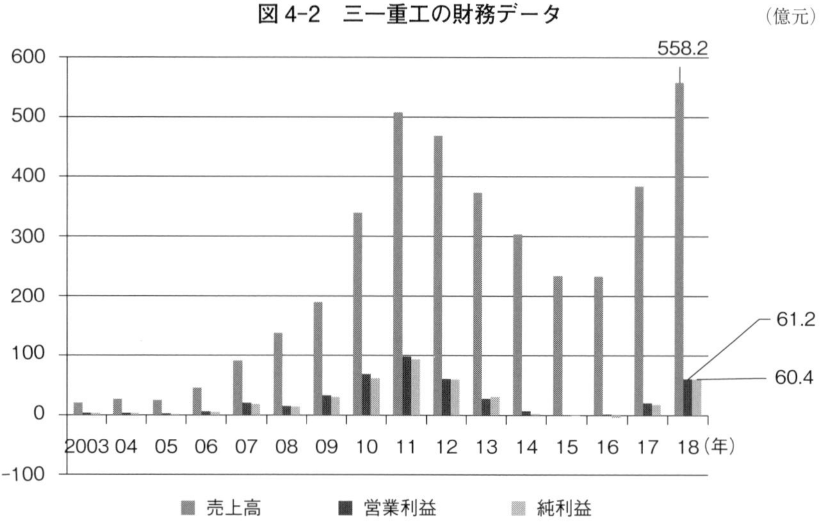

資料：三一重工の年報により筆者が作成。

いち早く建設機械産業にマイナス影響を与えることになる。

二つ目は，中国政府による不動産建設のマクロコントロールに関わる。日本のマスコミは，時々中国の不動産バブルはまもなく崩壊すると予測している。いつ崩壊するかを別にして，中国の不動産市場の異常状態は否定できない。購入者が大幅に減っているにもかかわらず，販売価格が年々高騰しており，高層マンションの建設ラッシュは一向に冷えないでいる。結局，あちこちに「鬼城」（ゴーストタウン）ができた。これ以上の深刻化を防ぐために，中国政府はついに不動産融資とローンの基準を引き上げて，沈静化を図った。このマクロコントロールの影響で，中国の建設機械市場も急に落ち込んでいるのである。

三つ目は，国内市場の競争の激化である。世界範囲でいえば，中国より大きな市場は存在しない。たとえ経済が減速しているとしても，スケールが大きいため，ビジネスのチャンスがあることは間違いない。だから，外国勢と中国勢の間，中国勢同士の間，競争はますます激しくなる。三一重工にとって一番のライバルは中聯重科（チュウレンジュウカ）である。中聯重科は，同じ長沙市にある国有企業から生まれた建設機械メーカーで，製品の構成もほぼ同じ，2012 年度の業績は，売上高480億7,000万元，営業利益89億元，純利益75億2,000万元で，三一重工の売上高468億3,000万元，営業利益61億元，純利益60億1,000万元で，三一重工をそれぞれ超えている。また，2014年世界建機メーカーランキングの順位も中聯重科は6位であり三一重工の8位を凌駕している。

このような内外から圧力を受けている三一重工にとって，中国市場だけに止まるなら，将来の見通しがますます厳しくなってくるわけである。それで，もう一度戦略を見直す時期が来た。新たに制定されたのが，国際化戦略である。

三一重工は，海外での売上げを初めてアニュアルレポートに掲載したのは，2004年であった。金額は6,900万元（10億6,950万円）で，対売上高比も2.5％しかなかった。その後の4年間で海外での売上高は順調に拡大し，2008年に34億6,300万元（536億7,650万円）を超え，対売上高比も29.2％に達した。それと同時に，2006年の三一重工（インド）をはじめ，2008年までに海外で13の子会社を設立し，アメリカでの製造拠点とドイツでのR&Dセンター・製造拠点の建設も始めた。

2009年，世界的金融危機の影響で，三一重工の海外売上高も13億5,900万元（210億6,450万円）に大幅減少し，対売上高比も7.4％に止まった。このショックを受けて，三一重工は国際化に必要な人材の不足に力を入れて，一気に日欧米のライバル企業出身の専門家を約50人雇った。

2010年10月，南米チリの鉱山で落盤事故が起こった際，三一重工は超大型クレーンを派遣し，救援に参加したため，世界から脚光を浴びた。5ヵ月後，また日本の東日本大震災による福島原子力発電所の救援活動に62mのブームを持つコンクリートポンプ車を一台寄贈したため，世界的に注目された。このような社会的評価と知名度の向上に伴って，誰も予想しなかったことが劇的に展開した。2012年4月，三一重工は中信基金と手を組んでプツマイスターを3億6,000万ユーロ（434億円）で買収した。三一重工の出資分は3億2,400万ユーロ（391億円）で全株式の90％を占める。この買収のシナジー効果は極めて大きかった。まさしくプツマイスター・ジャパンが公表したプレスリリースでいうように「三一重工の強固な財務体制と中国市場での強さ，プツマイスターの世界に認められた技術力，品質と性能，および世界の販路とサービス

図 4-3　海外売上高と対売上高比の推移

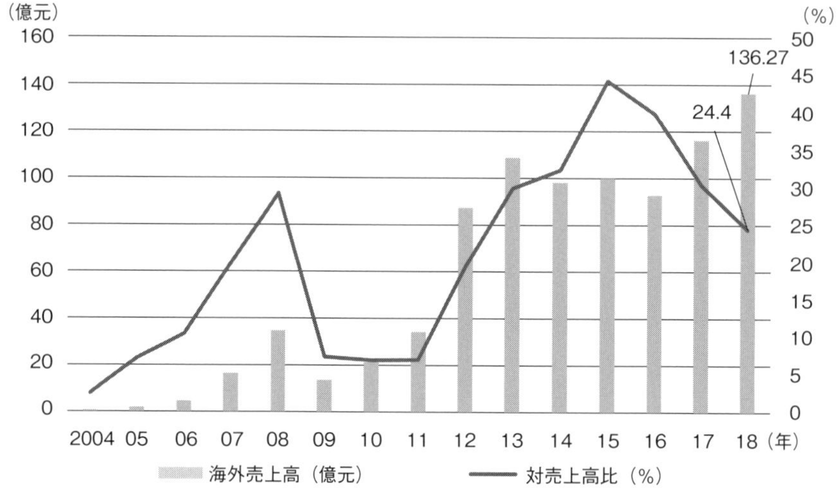

資料：三一重工各年度の「アニュアルレポート」により作成。

網，これらがお互いを補完する」ということである。

2018年，三一重工の海外売上高は，136億2,700万元（2,112億1,850万円）に達し，対売上高比も24.4％を占めている。また，110を超えた国と地域で事業を展開しているため，国際化戦略の効果ははっきり現れた。図4-3は，2004年から2018年までの海外売上高と対売上高比の推移である。

6 ●●● 戦略展開の分析

ここまで，三一重工の事業展開の大筋を述べた。次に，戦略の視点から分析してみる。

梁穏根ら創業者4人が国有企業の従業員でありながら，ひそかにビジネスを始めた時期は，戦略どころか，ビジネスのイロハさえ分からなかったため，戦略無しとしかいえなかった。それは，この会社に限らず，似ているケースは世の中に数えられないほど多くあると思う。

そして，4人は国有企業を辞めて，酒造りの試行錯誤を経て，ようやく有色金属熔接材料の開発というビジネスから方向性を見つけた。それで，わずかな手元資金を使って，事務所兼工場用の不動産を借りて，看板を出して企業組織の形を整えた。その組織作りは明らかに有色金属溶接材料という商品を開発するためであった。言い換えれば，それは「組織は戦略に従う」実例であった。

その後，彼らは有色金属熔接材料そのものの開発を成功させ，会社を大きくしたが，発展の壁も見えてきた。その理由は有色金属熔接材料の市場規模が小さく，大きなビジネスにならないということであった。そのため，梁穏根は市場調査と専門家訪問を経て，取締役会で「二進戦略」を打ち出した。すなわち，大都市と大産業に進出することであった。これも先に事業戦略を作って，その次に組織再編（建設機械をメインビジネスにする三一重工と，従来のビジネスを継続する三一材料工業有限公司を設立）を行うため，「組織は戦略に従う」実例でもあった。

オハイオ州立大学フィッシャー・ビジネススクール教授であるジェイ・バーニーによれば，企業がある特定の単独「事業」で競争優位を獲得するために取る行動を事業戦略（business strategies）という。この定義をもって三一重工の「二進戦略」に照らしてみれば，明らかに事業戦略であることが分かる。すなわち，建設機械という単独事業で中国市場において競争優位を獲得するという行動である。

また，スタンフォードビジネススクールのガース・サローナー教授らによると，整合性のある事業戦略には，四つの要素を必要とする。すなわち，①明確な長期目標，②どのような商品を提供するか，どの市場をねらうか，どの分野において活動をするかなど企業の活動範囲の定義，③競争優位性，④企業が自ら選んだ競争環境において，社内コンテクストがなぜ競争優位性をもたらすかを示すロジックである。

これに対し，三一重工は，四つの要素のうち，前の三つは揃っている。すなわち，①中国の建設機械市場で外資の独占を打ち破り，産業報国という明確な長期目標を定めた。②建設機械とくにコンクリートポンプとクレーンという商品を中国市場に提供し，企業の活動範囲を明確にした。③より良い機能，より簡単な操作，なおかつ低価格をもって競争優位性を確保した。ただし，④については，最初の段階では社内コンテクストがなぜ競争優位性をもたらすかを示すロジックは十分とは言えなかった。なぜなら，全く異なる分野への新規参入にもかかわらず，それに必要な経営資源とくに人材が欠けていたからである。しかし，この問題は易小剛の入社でそんな時間がかからなく解決できた。なぜこんなに早く問題を解決できたかというと，どんな人材が必要になるかがはっきり分かり，一本釣ができたからである。

ところが，別の視点から言えば，すべての経営資源がそろって事業戦略を実施するケースは本当にあるのか。どの企業にも何らかの経営資源が足りないことがある。その不足を補うために，提携，出資，M&Aなどを通じて外部の経営資源を活用する経営者が求められる。いわゆるアントプレナーシップ（起業家精神）はこんな時こそ発揮するわけである。

最後に，三一重工は，建設機械というスケールが大きい業界に新規参入を遂げて，十数年にわたって増収増益を達成したが，国内環境の激変で急に減収減益に変わった。一方，数年間の努力により海外での販売と製造拠点が増えつつあり，一定の規模を形成し，チリ落盤事故と「3.11」による福島原発事故への救援参加でブランド力をだいぶ高めたため，自然的に海外のビジネスの拡大を狙う国際化戦略を打ち出すことができた。これは，既存の企業組織が打ち出した戦略であるし，戦略を実施した後でも組織再編を行わないため，「戦略は組織に従う」実例ではないかと思う。

7 ●●● おわりに

1985年に中国内陸の僻地にいる4人の若者が6万元（93万円）の資金をもって興したベンチャーは，26年後，世界の建設機械の巨象であるプツマイスターを買収し，中国発グローバル企業である三一重工へと成長させた。この偉業はいかに達成したのか。その成功の要因は何であるか。近年，この会社に関する関心は中国国内だけでなく，海外においても学界と産業界を問わずに増えている。しかし，競争がますます激化する環境の中で，三一重工は5年連続で減収減益を経験した。2017年から回復しているが，どこまで伸びることができるかが予測できない。近年，重型トラックや，新エネ自動車産業へ参入したので，恐らく多角化を考えていると思われる。そうすると，新たに戦略を調整する時期になるのではないかと筆者は思う。

第5章 ワハハ

1 ••• はじめに

中国を訪れた人々は恐らくどこかで「娃哈哈」(ワハハ)というブランドの商品を手に入れたことがあるだろう。例えば,ホテルのレストランで飲んだヨーグルト,高速鉄道の車内で買った果物ミルク,あるいは観光地でガイドからもらったミネラルウォーター,いずれもワハハ製の商品という可能性がある。なぜなら,ワハハは中国　のソフトドリンクメーカーであるからだ。2013年,ワハハの売上高は782億8,000万元(1兆2,133億円)に達した。しかし,この会社は,まだ32年の歴史しかない。しかも,創業の時,資本金は1元もなく,借り入れで登記手続きを済ましたほどだった。

参入の敷居が相対的に低いソフトドリンクの世界において,ワハハはいかにして内外の強豪に勝ち,中国一位の座にのし上がってきたのか。本章はその成功の秘密を明らかにする。

2 ••• 創業者

宗慶後(ソウケイコウ)(Zong Qinghou)は,1945年10月に生まれ,中学校を卒業後,経済的理由から高校進学を断念した。その後の約2年間,宗慶後少年は,知り合いの大人と一緒に,あちこちでアルバイトを探し,車の修理,荷卸,ポップコーン作りなど,仕事があれば何でもやった。しかし,計画経済の時代に,庶民の生活は極めて貧困で,アルバイトをしてもせいぜい飯を食える程度にとどまり,貯金などはあくまで無理であった。

1963年，国営の舟山馬目漁場は，杭州で若者を募集していたので，無職の宗慶後は苦しい生活に飽きた一方，その募集のポスターに魅力を感じ，親にも相談なしに自ら応募した。しかし，その漁場に入ると，そこは服刑囚の労働改造場であることが分かったが，後の祭りであった。

1976年，10年も続いた文化大革命はついに終結した。復興生産のため，都市部の労働力不足が目立つようになったので，田舎に下放されていた若者を都市に呼び戻す政策を実施し始めた。その政策のおかげで，宗慶後はようやく戸籍を杭州に移し，実家に戻ってきた。そして，母親の勤め先の小学校に就職して，同小学校に付属する杭州工農校弁廠に配属された。

その23年後の2010年3月，アメリカのビジネス月刊誌「Forbes」は宗慶後が個人資産70億ドルで大陸一の億万長者であることを報道した。なんとドラマティックな奇跡だろう。

3 創　業

1987年の春，杭州工農校弁廠は経営の継続が難しくなり，しかも国全体の改革開放も加速していたので，工場を従業員に請負わせる方法を導入した。請負制とは，定まった年間利益を上納さえすれば，経営などをすべて任せるやり方である。上納分を超える利益は請負者の報酬であった。工場側は，従業員を集め，その方針を伝えた際，宗慶後は手をあげて年間2万元の上納金という最低ラインに対し，いきなり10万元をオファーして，経営権を手に入れた。

まもなく，杭州市上城区教育局は，宗慶後を上城区校弁企業経銷部マネジャーに任命した。その年，宗慶後はすでに42歳であった。1987年5月1日，上城区校弁企業経銷部が清泰街160号に看板を出し，正式に船出をした。その時の校弁企業経銷部は，もともと一小学校が作った売店で，主に小学生に文具やアイスキャンディーを販売していたが，なかなか利益が出ないので，教育局は経営者を公募したのである。

しかし，看板は出したが，従業員はマネジャーの宗慶後のほかに，定年退職した元教員2人しかいなかった。また，資本金といえば，実際1元もなかった。そのままでは企業登記さえできなかったので，仕方がなく上城区教育局から14万元（217万円）を借りて，出生証明書のような書類「営業許可書」をもらったのである。

宗慶後は，人より倍以上の熱意と力をもって頑張った結果，初年度17万元超の純利益を得た。翌年，彼はその中から10万元（155万円）を使って，生産ラインを導入し，花粉栄養剤を生産しはじめた。当時，中国では花粉を原料とする栄養剤がたいへん売れていたので，宗慶後もそのブームに乗ったのである。その後，花粉栄養剤には体によくない成分が含まれているという噂が世の中に広がり，生産を停止せざるを得なかった。せっかく導入した生産ラインはそのままにしておくこともできないので，宗慶後は次の商品を考えなければならなかった。

市場から花粉栄養剤は確かに姿を消したが，他の栄養剤がまだ売れていた。すべて大人向けの栄養剤である。もしかしたら，子供向けの栄養剤を開発したら売れるじゃないかと思い，宗慶後は早速行動を起こした。彼は大学の栄養学者を訪れて技術顧問に就任してもらい，薬膳の専門家をも雇い，ついに児童栄養剤の開発に成功した。それと同時に，彼は会社名を杭州保霊児童栄養食品廠（コウシュウホレイジドウエイヨウショクヒンショウ）に変えた。

1988年6月16日，宗慶後は地元の新聞『杭州日報』に大きな広告を出した。「弊社は効能がいい児童栄養剤の開発に成功しました。社会各界にご報告致すと同時に，商品名とロゴマークを公募させていただきます」という内容であった。何百通の応募から選んだのは「娃哈哈」（Wahaha，以下ワハハという）という名前だったので，「ワハハ児童栄養剤」が生まれたのだ。

テレビコマーシャルで売り出したこの商品はたちまちヒットになり，全国から現金を持って入荷しようとするバイヤーが杭州に殺到し，会社の周りに交通渋滞さえも発生した。この勢いに乗って，1989年ブランド名と統一し，会社名もワハハ栄養食品廠に変更した。

1991年12月，生産規模を拡大しようとするワハハは，杭州市政府に土地の取得を申請したが，うまくいかなかった。政府は杭州缶詰食品廠の買収をワハハに提案した。杭州缶詰は国有企業であるが，赤字だらけで政府は売却先を探

図5-1　ワハハの業績の推移　（単位：百万元）

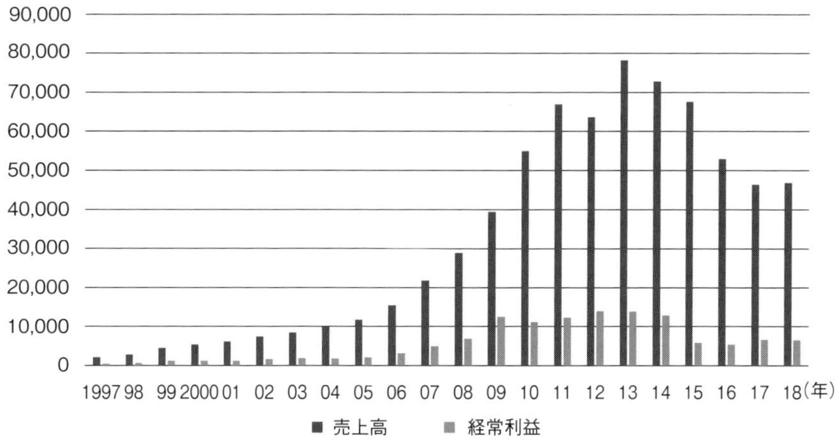

資料：ワハハが提供したデータと中国全国工商聯のデータにより作成。ただ，2018年度の経常利益は推定値。

していた。結局，正社員146名しかいないワハハは，現金8,411万元（13億370万円）で定年者700名を含む2,200名の従業員がいる杭州缶詰を買収した。これにより，杭州ワハハグループが誕生した。

それ以来，ワハハの商品は，栄養剤，缶詰から次第に飲料水，乳飲料，コーラ，茶飲料へ拡大し，2007年より中国一の飲料メーカーになった。図5-1は，ワハハの売上高と経常利益の推移である。

4 ●●● ワハハのイノベーション

4-1　商品開発のイノベーション

ワハハの商品イノベーションは，三つの段階に分けることができる。会社が小さい時，ワハハは二番手に留まり，一番手の開発商品を改良することが中心であった。例えば，ライバル企業は乳飲料を売り出せば，ワハハはビタミンA，Dを入れた栄養乳飲料を開発した。宗慶後によれば，それは「跟進創進」（追随イノベーション）という。悪い意味で言えば，まねをしながら改良をする。これは，かつての松下電器（現 パナソニック）のやり方，すなわちソニーの新商品が出てから真似をしながら改善することに似ている。

会社が大きくなってからは，ワハハは最先端の設備の導入による商品のイノベーションを行った。例えば，ライバル企業は山中の泉水を商品化して，自然水のうまさを強調したのに対し，ワハハは外国から最先端の製造設備と測定機器を導入して飲料水の質を強調する「純浄水」を開発した。宗慶後はそれを「引進創新」（輸入イノベーション）という。言うまでもなく，輸入はあくまで手段なので，イノベーションではない。しかし，タイミングよく先端設備を導入し，明確な意図をもって同設備を使い，なおかつ結果として商品開発のイノベーションにつながったことから言えば，すべて否定することのできないことも事実である。

近年，ワハハは自主開発を中心とするイノベーションを行っている。それは，世の中にないものを初めて作るということである。例えば，ヒット商品の「栄養快線」は自主開発の成果である。宗慶後はそれを「自主創新」（自主イノベーション）と呼ぶ。自主創新とは，字面から解釈すれば他人に依存せずに自力でイノベーションを起こすということであり，相当な実力を必要とするのである。

4-2　市場参入のイノベーション

ワハハの市場参入は，極めてユニークである。

1980年代中頃，中国の飲料メーカーは相次いでコーラ市場に参入し，「天府コーラ」，「少林コーラ」，「幸福コーラ」など10くらいのブランドのコーラを開発した。しかし，数年後コカコーラとペプシコーラが，反撃を始め，販売促進や買収などによって，あっという間に中国ブランドのコーラを市場から追い出した。このような経験は恐らく戦後の日本にもあっただろう。世界のどこに行ってもコーラといえば，コカコーラとペプシコーラしかない。つまり，コーラの両巨頭は，いかなる国のライバルが作った自社ブランドのコーラの存在も許さない。

ところが，ワハハは1998年からコーラを作っているが，今でも両巨頭に潰されない。それどころか，製造も販売も順調に伸びているので，ペプシコーラの背中が見えるように追いついてきている。それには，一体どんな理由があるのか。

調べてみたが，ワハハの市場参入の手法が分かった。それは，一言で言えば，「農村から都市を包囲する」という毛沢東のゲリラ戦略であった。宗慶後は中学校卒の学歴しか持っていないが，下放の時代毛沢東の本しか読めなかったので，弱いものがいかにして強いものに勝つかをよく知っていたのである。

彼によれば，両巨頭は確かに中国のコーラ市場を制覇しているが，沿海地域の大・中都市に限られている。都市部を避けて，内陸部と農村部をターゲットにすれば，遥かに大きな市場が存在するのではないか。まず，内陸部と農村部で製造と販売の拠点を作り，地盤をしっかり固めた後，都市部へ攻める。これは農村から都市を包囲するという意味である。

その後の展開はまさしくこの戦略に従っている。ワハハは，アメリカのコーラより甘みを高めた「非常コーラ」を開発して，さらに安さを武器にして内陸部と農村部で販売し始めた。それと同時に，中央テレビでコマーシャルを流す。中央テレビは日本のNHKと似ている中央政府の宣伝窓口であるが，都市部の人がめったに見ない。しかし，内陸部と農村部の人々は見ている。しかも中央テレビにコマーシャルを流すそのこと自体を高く評価し，そのコマーシャルの内容を信じている。結局，これまでコーラを飲んだことのない大勢の人々は「非常コーラ」を飲み始めた。ある地域では，コカコーラを偽コーラと見ている人々さえ多くいる。なぜなら，彼らにとって，コーラといえば「非常コーラ」しか知らないからである。

4-3　売掛金回収のイノベーション

中国に進出する日本企業は，最も悩む問題の一つは売掛金の回収と言われている。言い換えれば，コストと時間をかけて催促するか，我慢して待つ以外に良い方法はない。

実は，ワハハは設立後まもなく，やはり売掛金の回収という問題に直面した。そのままではいけないと悟った宗慶後は，「品質と信頼」をもって抜本的に問題を解決するために行動を起こした。彼は，取引先を一軒一軒訪れて，ワハハ製品の品質を自分の人格で保証するので，安心してくださいと力説した。また，今後も取引をするなら，まず信頼関係を作り，信頼関係の象徴は商品の前払い金なので，私を信じるなら，前払い金を支払って，入金次第に出荷すると強調した。もちろん，彼の話を信じる人もいたし，信じない人もいた。信じた人は，年間の取引額の10％に相当する金額を年始に支払い，年末になると銀行並みの利息を含んで清算する。信じない人に対しては，取引関係を絶った。このようにして，ワハハはいち早く売掛金回収の問題を解決した。営業マンは，わずらわしさが無くなり，営業に集中することができたので，効果が目立った。例えば，ライバル企業は全国で活動する営業マンを10,000人必要としたが，ワハハは2,000人で足りた。

現在，ワハハは業界のトップメーカーになったので，新しい取引先も前払い金制度を喜んで受け入れているわけである。

4-4　マネジメントのイノベーション

まず，副社長のポストを設けない。中国では，副職が多いのが周知のことである。どの組織にも副職の役人が複数ある。ところが，ワハハの宗慶後社長の下には副社長は一人もいない。このことは創業以来変わらない伝統である。マスコミは，それを宗慶後の独裁と見て批判するが，彼は計画経済の遺物を根絶するための措置だと主張する。確かに，計画経済の時代，国有企業には副社長が数人いたので，社長の意思決定がなかなかできなくて，ビジネスチャンスを逃した例はいくらでもあった。宗慶後は，一人で会社経営の請負からビジネスをスタートしたので，自分で意思決定をすることに慣れている。これは前近代のオーナー型中小企業のやり方ではないかと批判する声は時々，宗慶後の耳に入っているが，彼はちっとも動揺しない。なぜかといえば，やはり彼の意思決定の早さと正しさは物を言う。実は，天才でもない宗慶後はよく自分のことを「強勢開明」と言っている。「強勢」とは，決まったことを部下にやらせるということで，「開明」とは，部下の意見を謙虚に聞くということである。とりわけ，重大な決定を下す前に，彼は周りの人の意見を十分に聞くことにしている。

次に，女性を幹部に多く起用することである。ワハハには，女性の従業員が大勢働いている。しかも，幹部として起用された女性は多い。ワハハグループの共産党書記は女性で，労働組合委員長も女性である。そのほかに，ミドル層の最高職である部長クラスにも女性が複数いる。宗慶後はその理由について，女性は違うビジネスセンスを持っているので，自分の短所を補うことでき，また管理もしやすいと説明した。それは正しいかどうかが分からないが，ワハハの成長において女性の幹部登用の効果は，無視できないものであろう。

5 ワハハの成功要因

5-1　強いリーダー

宗慶後の存在がワハハの一番の成功要因であることは事実である。彼のカリスマ性ともいえる強いリーダーシップは誰もまねできない。会社のトップとして，リーダーシップを発揮する最も重要な場は意思決定である。これについて，宗慶後の失敗も少なくなかったが，全体としてやはり成功のほうが多かった。2010 年 3 月，筆者はワハハを訪れて宗慶後を取材したことがある。成功の要因について質問してみたら，彼は次の三点にまとめて説明してくれた。①下放のため苦しいことをいろいろ体験したので，困難に耐えられる。②長年，社会の低層で生活していたため農村の事情がよく分かる。③毛沢東の本を多く読んだ。という三点である。下放とは，1960 年代の末から 1970 年代の中頃まで中国政府が実施した半強制的な政策である。すなわち，都市部の中・高校卒業生と現役の大学生を農村部に行かせて，自給自足の生活をさせるということである。肉体労働だけでなく，肝心な勉強をしてはいけないという，数千万人の人々が勉強の機会を失ったといわれている。このような苦労を体験した人は確かに困難に耐えられる。また，その時代貧困農民こそ国家の主人公と政府は主張しているが，実際貧困農民は中国社会の最下層で生存していた。貧困農民と一緒に生活する人間でなければ，中国社会の真実を知るわけもない。またその時代，読書といえば毛沢東の本しかなく不本意でも繰り返して読んでいたため，自然に覚えるようになった。

5-2　時代は英雄作り

改革前，中国の産業界で活躍する有名人は一人もいなかったが，改革後，ビジネスリーダーは，沿海発達地域か内陸の貧困地域，あるいは都市部，農村部を問わずに輩出している。これは明らかに外部の環境と密接に関連している。時代が移り変わると，あらゆるものが変化していく。まさに「時代は英雄を作る」という古い諺通りである。ただし，いくら変わったとしても，本人がそれに沿って行動を起こさなければ何の意味もない。いわゆる内的要因は変化の根拠であり，外的要因は変化の条件であるという哲学的命題はこのような意味である。また，一人の成功者の裏に，数えきれない失敗者がいることも忘れてはいけない。

5 3　「赤帽」商人

「赤帽」とは，普通の赤い帽子ではなく，共産党大会の代表や全人代委員（国会議員に相当）など，政治色付き肩書きのことを指す。中国では，そんな肩書を持つ商人は，持たない者より有利である。公然に政治的影響力を利用してビジネスをすることはできないが，マスコミの露出度が高く，消費者への影響力も大きいので，間接的に会社を宣伝していることになる。宗慶後は全人代委員なので，赤帽商人である。もちろん，このような赤帽は最初からもらったものではなく，ビジネスの実績をもって勝ち取ったものである。これは中国特有の現象である。昔，共産党は，自らプロレタリアを代表する政党であることを主張していた。1990年代からは，先に豊かになる人々（金持ち）が共産党に入ることを認めたため，「赤帽」を求めて共産党に入った金持ちが増えた。また，共産党員ではない金持ちが，政府の意向で全人代または政治協商委員会（政協委員会と略称）の委員になったケースも結構ある。

6 ワハハの多角化経営

多角化経営について，宗慶後は一貫して慎重な姿勢を保っている。彼によれば，多角化をするかどうかを判断するポイントは三つある。一つ目は，既存の業界はすでに発展の限界に来ているかどうか。二つ目は，参入するチャンスがあるかどうか。三つ目は，参入する能力があるかどうか。言い換えれば，①ソフトドリングの市場が飽和になり，それ以上の発展がほぼ不可能になった時，②絶好のビジネスチャンスがある時，③経営資源に余裕ある時でなければ，ワハハは多角化をしないということである。

世の中には多角化について二通りの方法がある。一つは，ドメインをめぐって多角化を行う。例えば，ホンダはバイクからスタートし，次第に自動車，耕運機，除雪車，移動作業車，モーターボート，ジェット機へビジネスを拡大しているが，その共通の部分はエンジンである。すなわち，エンジン技術という自社の得意な分野（ドメイン）を存分に生かして新しいビジネスを開拓する。別の言葉でいえば，これは関連性多角化である。

もう一つは，ドメインと関係なく多角化を行うやり方である。例えば，日本の総合商社は内外を問わず，ビジネスチャンスがあれば積極的に参入し，食糧，石油，鉱物，農産品，衣料品，雑貨などいろいろな商品の取引を行っている。それだけでなく，製造業への投資や海外進出のコンサルティングも行っているので，ドメインさえはっきり見えないことが現状である。別の言葉でいえば，これは非関連性多角化である。言うまでもなく総合商社でない一般の業者にとって，異なる業界で新しいビジネスを行う場合，関連性多角化よりリスクが高くなる。

それでは，ワハハの多角化経営はどうしたのか。2002年5月，ワハハは記者会見をし，子供服に参入すると宣言した。子供栄養剤からビジネスがスタートし，かつ成功したワハハだから，子供服も成功するのではないかということが世間の一般的な認識であった。計画によれば，新たに設立したワハハ児童服装は，デザインを主に海外の有名なデザイナーに依頼し，数年後，中国一の子供服メーカーになるということであった。ところが，12年後の2014年9月時点で，子会社としてのワハハ児童服装は，立派な工場を持ち，デザインもフランス，イタリアと韓国のデザイナーに頼んでいたにもかかわらず，売上高は2012年時点で2億元であった。2014年は恐らく2億5,000万元くらいにとどまっているのではないかと筆者が推定している。現在，全国にはワハハのブランドが付く子供服を販売する直営店と加盟店を合わせて，800店舗あるが，初年度2,000店舗，売上高が10億元を突破するという当初の計画を下回るという現実である。

子供服の不振のため，ワハハは多角化のスピードを落して，しばらく本業のソフトドリングに集中していた。2010年5月，ようやく粉ミルクの製造に参入することを発表した。粉ミルク市場に参入する背景には，以下に記す「三鹿事件」という毒物混入事件があった。

三鹿集団は粉ミルクの大手メーカーである。主力商品の「三鹿粉ミルク」は安価のため低所得者に歓迎された。ところが，2008年9月，この粉ミルクを飲んだ乳児が相次いで腎臓結石にかかったことはマスコミの報道で明らかになり，「三鹿事件」と呼ばれていた。その後，三鹿集団を含める22社が粉ミルクにメラミンを混入していたことが発覚し，消費者は国産粉ミルクを一斉に敬遠した。その結果，粉ミルクの輸入が急増したが，品不足を解消できなかったのである。このような状況のなか，ワハハはオランダにある有名な乳業メーカーにOEM（相手先ブランド名製造）契約を結んで，「ワハハエジソン」というブランドの粉ミルクを輸入して売り出した。最初のプロモーションとして，ワハハは乳児を持つ家庭に10万缶の無料試飲を実施したところ良い評判を得た。ところが，2012年3月頃，消費者のクレームがおこり，「ワハハエジソン」粉ミルクの品質問題がマスコミから相次いで報道されたため，市場でのシェアは急速に下降して行った。

2012年11月，ワハハはヨーロッパのブランド品の販売を専門とする「WAOW PLAZA」1号店を杭州市内でオープンした。これはワハハの小売業へ進出の第一歩となった。この事業を展開するために，宗慶後はヨーロッパの主要国を歴訪し，自分の目で確認したブランドを誘致することにした。オープンセレモニーの時には，中国商務部，地元浙江省，杭州市の政府高官，およびアメリカ，スペイン，イタリアなど8カ国の中国駐在大使館の外交官が出席した。計画によれば，今後5年間全国で「WAOW PLAZA」を100店出店するということである。

「WAOW PLAZA」1号店は4フロアがあり，延床面積は約35,000m^{2}もある。1階は時計と宝飾品，2階はレディース衣料品，3階は紳士服と靴，4階はアクセサリーとレストランで，各フロアに20社ほど出店している。

ところが2014年7月，「WAOW PLAZA」の当初の計画が予想以上に窮状となっていることはマスコミに報道されており，小売業への参入は頓挫になった。

さらに2013年11月，ワハハは焼酎分野への進出を宣言した。今度のパートナーは貴州省仁懐市茅台鎮金醤酒業（キシュウショウジンカイシマオタイチンキンジャンシュギョウ）である。茅台鎮は中国の国酒「貴州茅台酒」の産地である。仁懐市政府との提携議定によれば，ワハハは150億元（2,325億円）をかけて，地元で工場を建てて茅台酒に遜色しない酒を製造し，全国で販売することが分かった。プロモーションのキャッチフレーズは「茅台酒の3分の1の価格で，茅台酒と同じ品質の酒を飲む」ということである。日本のソフトドリングメーカーは，ほとんどビールか焼酎を製造しているので，ワハハの多角化経営は，関連性がある多角化とも言えるであろう。残念ながら，4年後，ワハハは合弁会社の持分をすべて売却し，酒造業から手を引いた。

先に述べたことから見れば，ワハハの多角化経営は決して順調ではないことが分かった。いくらソフトドリンクの中国一といえども，子供服，小売業，酒造りなど関連性がない分野に参入してもリスクは極めて高い。図5-1で示したように，ワハハは2014年から4年連続減収減益になった。未上場企業のため詳しい財務データを入手して分析することができないが，多角化の挫折が原因の一つではないかと思われる。今後，ワハハは多角化をやめるか，それとも新たな戦略で多角化を展開するかは持続可能な発展につながる課題である。

実際，最近ワハハの公式ウェブサイトにある「企業紹介」を開けば，多角化について次のような文言が読み取れる。「（当社は）ソフトドリング業界のリーディングの地位を守ると同時に，次第にビジネスを粉ミルク，機械，印刷等の業界へ広げ，多角化発展を実現し，世界500へ邁進する。」近年，マスコミに報道された宗慶後の発言と結びついて考えると，今後ワハハは粉ミルク，ロボットを含める機械，および印刷業を通して多角化経営を進めていくだろうと思われる。

第6章 吉利(キツリ)自動車

1 ●●● はじめに

2009年10月28日，ニューヨーク発のあるニュースが，世界の自動車業界を震憾させた。アメリカのフォード社は，傘下の高級車ブランド「ボルボ」の売却を巡り，中国の浙江吉利(セッコウキツリ)ホールディング（以下，吉利(キツリ)という）に優先交渉権を与えたと発表した。ボルボは，スウェーデンの自動車メーカーで，VOLVOをブランドにする乗用車はヨーロッパ発の高級車の一つとして世界に知られている。しかし，経営不振のため1999年64億ドルでフォードに買収された。フォードは，この買収により車台の共有化などを進めてきたが，リーマン・ショックのため業績不振が続いた結果，ついに売却を決めた。2010年3月8日，フォードと吉利は，スウェーデンのヨーテボリで正式に18億ドルで所有権を移転する協議を結んだ。また，同年8月2日，北京で買収完了の記者会見を共同で行った。吉利がフォードに支払ったのは2億ドル相当の証券と現金16億ドルであった。

ところが，吉利とはどんな会社であろうか。海外ではほとんど知られていないので，不思議に感じる人が多い。

2 ●●● 創　業

1982年，高校を卒業した李書福(リショフク)（Li Shufu）は，父親からもらった120元（1,860円）で国産の120mmカメラを1台買って地元の浙江省台州で移動写真屋を始めた。なぜ，写真館ではなく移動写真屋をはじめたのか。言うまでもなく，写真館を開く資金はないし，営業許可ももらっていなかったからである。いつ取り締まりされるかを心配しながら営業を続けた李は，多少の金を貯めて本当に写真館を開いた。でも，家賃を支払うのが精一杯で，撮影機材は手作りが中心となった。まもなく，李は写真の現像に使われた薬液の中に銀が入っていることを知り，その回収に挑戦し成功した。その後，彼は写真屋をやめて，もっぱら写真館から廃液を集めて銀の回収に専念した。そのビジネスで李はより大きなビジネスを行う資金を貯めた。

1984年，李書福は中国で起きた家電ブームからビジネスチャンスを見つけて，早速冷蔵庫用の部品工場（石曲冷蔵庫部品工廠）を立ち上げた。彼は午前中コツコツ部品を作って，午後出来上がった部品を鞄に入れて電気メーカーを巡って営業し続けた。その時の中国メーカーは，独自で冷蔵庫をまだ作れてなかった。その当時，国産といえども実際は部品を輸入して組み立てているだけであった。外貨の節約とコストの削減をするために，国有の完成品メーカーは国内で作れない部品を除き，部品の国内調達を増やす方針に変化する移行期であった。そのため，中小企業にとってビジネスチャンスとなったのである。

李書福が作った部品は，それほど品質が良いとは言えなかったが，使えるし，価格も安いので，取引関係をすぐ確立できた。これにより，李は兄弟，親戚を総動員して，7人の態勢で部品の量産化に乗り出し，初年度の売上高はなんと900万元（1億3,950万円）に達した。

1986年，李書福は冷蔵庫の部品加工に満足できず，冷蔵庫の製造に参入しようとした。なぜなら，完成品メーカーとの取引を通じて，彼は冷蔵庫の利益率が部品より高いことを知ったからである。また，冷蔵庫製造にかかわるサプライチェーンもある程度分かった。確かに，いくつかのメイン部品を自社で作れば，残りは外注することができる。翌年，李書福は社名を黄岩県北極花冷蔵庫工廠に変更して，冷蔵庫の製造を始めたことになる。

その時代，中国の家庭はいわゆる古い「三種の神器」（時計，自転車，ミシン）から新しい「三種の神器」（テレビ，冷蔵庫，エアコン）へ変わりつつあり，しかも供給が大変不足していたため，ブランドを問わず作れば売れる状況であった。そんな環境の下で，李書福が作った「北極花」冷蔵庫もよく売れた。

1989年5月時点で，売上高は4,000万元（6億2,000万円）に達した。

ところが，1989年の中国は，経済改革が進み市場経済を導入しているといえども，計画経済の要素がまだたくさん残っていた。政府は，全国で家電メーカーが筍のように生まれた乱立状況を見て取り締りを始めた。冷蔵庫の生産を大手国有企業に集約させるために，政府が作った基準に達していない企業は即時に生産停止を命じた。この政策は，一生懸命冷蔵庫の製造を拡大しようとする李書福の夢は打ち砕かれた。

3 ●●● 人生への充電

会社を畳んだ後，李書福はどこかの大学で勉強しようとした。その時の教育体制は，彼のような社会人に一般入試の資格を与えていなかったので，仕方なく彼は改革開放の前線都市である深圳へ行って，研修生として深圳大学に入学し一年間在籍した。この間に彼は，多くの講座を聞き，企業経営の本もたくさん読んで，人生への充電をした時期である。

そして，李書福にとって，大学での勉強で得られた知識より，深圳の旅で得たもっと大きな収穫が二つあった。一つは，改革・開放の最前線で感じた時代の流れである。すなわち，深圳で見たことは今後必ず全国各地で広がるという予知能力とビジネスセンスであった。例えば，不動産開発ブームに伴って生まれた高層マンションの森は，必然的に建築資材の供給不足を引き起こすので，今から建築資材の参入を準備すれば先行者のメリットを受けられるのではないか。これがきっかけになり，李書福は深圳で建築資材の市場調査を行い，サンプルを集めた。もう一つは，初めて自家用車を購入した。それは海外の有名ブランドではなく，無名な中国人発明家の試作品であった。言うまでもなく品質は良くなく時々修理しなければならないが，李書福にとって価値があったのは，自分でもいつか自動車を作れるのではないかという欲望の芽生えであった。これが後に自動車製造に参入する原点となった。

1990年5月，実家に戻ってきた李書福は早速建築資材の製造に参入し，黄岩市吉利装飾材料工廠を設立した。しかし，商品の開発はうまくいかず，結構苦労した。1991年9月，ようやく深圳から持ち帰ったサンプルに近い装飾材の開発に成功した。その時，会社の資金はすでに底を突き，一歩間違えれば倒産する危機になった。

装飾材の製造は軌道に乗ってからは，販売も好調になり，売上高もうなぎ登りに伸び，初年度の800万元，翌年は7,000万元，さらに1993年の1億5,000万元（23億2,500万円）に達した。1993年8月，社名を黄岩市吉利（集団）公司に変更した。

李書福は，生まれつきの天才商人ではなかったので失敗もあった。海南省で不動産ブームが起こった際，彼も不動産開発に参入したが惨敗であった。損失額は正式に公表しなかったが，マスコミの推測によれば数千万元に上るそうである。

4 ●●● バイク製造への参入

1993年，李書福はバイクの製造に参入することにした。世間の常識から言えば，冷蔵庫，装飾材の製造が成功したといえども，関連性のない事業に参入することは成功するわけがない。まして彼の市場調査は，論理的というより直観的で，時々勘でビジネスチャンスを判断していた。しかしながら，不思議にも彼の判断は正しかった。

では，技術も人材もない会社なのに，彼らはどのようにしてバイクを作ったのであろうか。答えは模倣である。彼らは，ある台湾メーカーが開発したバイクをベースにして，わずか7ヵ月で足を踏み台に置く乗り方のバイクの開発に成功した。1994年4月，李書福と3人の兄弟は共同出資で黄岩市華田摩托車総工廠を設立し，李書福は法人代表に就任した。そして，「華田」というブランドのバイクを市場に売り出した。なぜ華田と名付けたかというと，日本の「本田」を意識したそうである。ここでいう「摩托車」は，バイクの中国語訳名である。

その時代，中国のバイク市場は日系とアメリカ系のメーカーに制覇されていたが，価格が高くて一般消費者にとってまだ手が届くものではなかった。また，足を跨ぐ乗り方も女性に敬遠された。そのため，安さと乗り心地の良さを武器とする華田は，消費者に歓迎された。量産体制ができた後，販売も好調で会社の規模も大きくなり，1996年5月，黄岩吉利集団は資本金8,800万元（13億6,400万円）の浙江吉利集団公司に変身した。

中国のバイクというと，日本メーカーの商品を模倣したり商標を侵害したりしたことは，マスコミの報道で知らされた読者もいると思う。それは，吉利と関係はあるのであろうか。

2001年初め，中国市場では「華田摩托・日本YAMAHA株式会社」という表記を付けるバイクが売り出されたので，日本のヤマハ発動機は直ちに日本と中国で浙江華田公司など中国企業3社を提訴した。日本での提訴は，8ヵ月後勝訴の結果が出たが，中国での訴訟が最高人民法院（最高裁）まで争っていたため時間がかかった。2007年6月5日に出された判決では，中国側3社に対し，商標権侵害行為の停止，「摩托商情」というバイク専門誌への謝罪声明の掲載と，830万元（1億8,650万円）の損害賠償の支払いを命じ，ヤマハ発動機の全面勝訴で裁判は終結した。

これについて，日本のマスコミは李書福を名指して批判的記事を書いたが，事実は弟の李書通（リショツウ）と間違えたと思われる。先に述べたように，李書福は1994年にバイクの製造に参入したが，その後，彼はメインビジネスを車に移していたため，2000年5月，バイク事業を弟の李書通が所有する浙江吉利集団の20％の持ち分と交換して，バイク事業から手を引いている。しかも，兄弟といえども仲が悪かったので，一緒にビジネスをすることはあり得ない。すなわち，ヤマハ発動機に対する商標権侵害は吉利とは関係しなかったと言えるのである。

5 ••• 車狂人

1996年，李書福はバイクの成功で膨らんだ野望を実現しようとした。それは，車を造るということである。

一台の乗用車は1万5千個から2万個の部品があり，鉄鋼，有色金属，電気，ゴム，塗料，ガラス，プラスチック，化学繊維などたくさんの産業に関わっているので，簡単に参入することができるわけではない。1994年，中国政府が定めた参入基準によれば，投資額15億元（232億円5,000万円）がなければ認可しないということであった。1996年時点で，李書福の個人資産は約1億元（15億円5,000万円）で，いくら金持ちといっても車を造るにはどう考えても無理であった。一歩下がり言えば，たとえ15億元があっても，人材，技術，設備，販売チャネルなど何もないので，夢としかいえないのではないかと思われた。ところが，彼はやりたくてたまらなかったので，誰も彼の妄動ともいえる行動を止めることができなかった。

李書福はベンツを2台購入して解体した。そして，香港から部品を調達して自分の手でベンツを組み立てようとした。このようなやり方は，昔の日本企業もよくやったことである。例えば，ライバル企業の車を解体して，その技術とコストを調べて，対抗策を考える。ただ，李書福がベンツを解体するのは，対抗策ではなく，まず車の仕組みを知りたがっていたのである。なぜなら車についての知識は，その時点でほぼゼロであったからである。周りからの反対の声がいくら大きくなっても，彼は平気で「車って，車輪4つプラスソファー2つではないか。」と反論したので，車狂人と呼ばれるようになった。

数ヵ月後，李書福は本当に1台の車を組み立てた。中身はベンツそのものであるが，ボデイーだけ手作りのデザインにした。周りの人々はこの車は本当に走れるのか心配していたが，李書福は自ら運転席に座って，エンジンをかけて走り出した。言うまでもなく，この車の欠陥はすぐ現れて，まもなく廃車になったが，李書福にとってこの車から得たものが大変大きかった。すなわち車を造れるという自信であった。

1998年8月，「吉利」ブランドの1号車はついに生産ラインから下りた。実は生産といえども，ほとんど手作業の組み立てであった。当時，中国の車市場では，外資系の車が圧倒的な強さでシェアを占めていた。例えば，フォルクスワーゲンの「サンタナ」と「ジェッタ」，GMの「ビュック」，ホンダの「アコード」，ダイハツの「シャレード」などである。吉利は「シャレード」をターゲットにしており，「シャレード」と同じトヨタA8エンジンを搭載している。吉利は，「シャレード」の10万元台に対し8万元台で売り出した。プロモーションのキャッチフレーズは，「中国一安い乗用車」であった。初めて自家用車を購入しようとする中国の一般消費者にとって，無名のブランドであったが，トヨタのエンジン搭載と中国一の安さにやはり魅力を感じた。結局，初年度の100台を完売した。翌年以降も順調に拡大した。

なぜトヨタA8エンジンを搭載するのかについては，言うまでもなく自分で開発できなかったからである。当時，国内で調達できたのは，天津トヨタ自動車エンジン公司が造ったトヨタA8しかなかった。同じエンジンは，天津夏利がダイハツとの技術提携で造った「シャレード」（中国名は夏利）にも供給されている。天津夏利は，もともと天津汽車の一部門で，1986年からCKD（Complete Knock Down：全部品を輸入して組み立てる生産方式）で「シャレード」を造っていた。当時，フォルクスワーゲンはすでに上海で「サンタナ」を造って大きなシェアを持っていたが，個人消費者にとってまだ高嶺の花であった。そんな時，軽自動車の登場は消費者に歓迎されるわけである。販売好調のため，1988年に天津夏利は分社化された。

2000年，中国進出に遅れたトヨタは，ダイハツの子会社化により中国市場への進出を果たし，天津夏利と折半出資で天津トヨタを設立し，新しい「シャレード」と「ビッツ」（中国語は「威馳」）を製造し始めた。しかし，トヨタは吉利の台頭が「威馳」の販売に影響を与えていると感じ，同じA8エンジンを使っているのに，吉利の「美日」の方が「威馳」の半額であることが納得できず，2001年から吉利へ供給するエンジンの値上げをした。まだ赤字経営から脱出していない吉利にとって，大きな打撃となったが，我慢しながらエンジンの自主開発に踏み切った。

2002年12月，トヨタは商標権侵害，不当競争を理由として吉利および北京にある吉利車を販売する会社2社を北京市第二中級人民法院（地方裁判所）へ提訴した。訴状には6項目があり，主な内容は商標権の侵害，不当競争と損害賠償である。商標権侵害の根拠は吉利の「美日」の商標がトヨタの商標と似ているということである。また，不当競争の根拠は吉利の「美日汽車，豊田動力」（美日の車はトヨタのエンジン）という宣伝文言である。損害賠償額は1,400

万元（2億1,700万円）である。この裁判の初期段階，トヨタに有利な展開であったが，1年後，裁判所が双方の提出した証拠に基づいて下した判決はトヨタの敗訴であった。決定的な理由は，吉利は天津トヨタ自動車エンジンからA8を調達したという事実で，プロモーションに使われた宣伝文言がやや大げさであったが，トヨタの商標権侵害までにはならず，また「美日」の商標もトヨタのそれに似ていないということである。

実は，年間1,000万台の車を造る世界のトヨタは，数万台しか造れない吉利と法廷争いをしたこと自体が，すでに吉利に広告以上の宣伝効果を与えた。逆に，一般大衆から見れば弱者いじめではないかという印象を残した。

一方，吉利もこの裁判が勝訴したというものの，大きな教訓を得た。トヨタに提訴された後，まずA8エンジンの搭載をやめて，エンジンの自社開発に資源を集中し，2001年についに成功した。これがきっかけになり，研究開発を加速して，生産販売も軌道に乗るようになった。図6-1は，吉利の売上高と純利益の推移である。

2005年，吉利は香港証券取引所への上場を果たし，李書福の車に対する夢

図6-1　売上高と純利益の推移

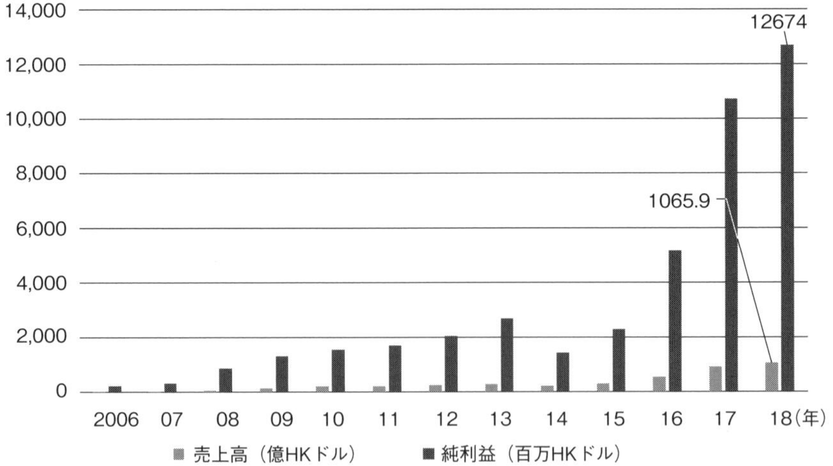

資料：吉利自動車各年度の「アニュアルレポート」により作成。

を実現した。それ以来，吉利の拡張は一層加速し，車の販売台数も倍々ゲームのように伸び，2019年ついに217万8,000台に達した（図6-2を参照）。ここで注目すべきことは，自動車メーカーはよく生産台数をもって規模を示すが，どれくらいの車が売れたかが示されていない。吉利は生産台数ではなく，販売台数を公表している。これは，勇気と自信の表れではないかと思う。

6 国際化経営

吉利は車の製造を始めて以来，まだ22年の歴史しかないものの，国際化経営に出遅れたとは思わない。これまで，吉利の国際化経営は三つの方向へ向かって同時進行で展開されている。

6-1　輸　出

2003年5月，初めての輸出を実現した。それはオーダーメイドとも言える吉利「美人豹」であった。しかも，スポーツカーである。上海港から船に乗せたのはたった6台でしかなかったが，吉利車の輸出の扉を開いた歴史的意義が深い。3ヵ月後，320台の吉利「豪情」をシリアに輸出した。それ以来，輸出

図6-2　吉利車の国内販売と輸出の推移

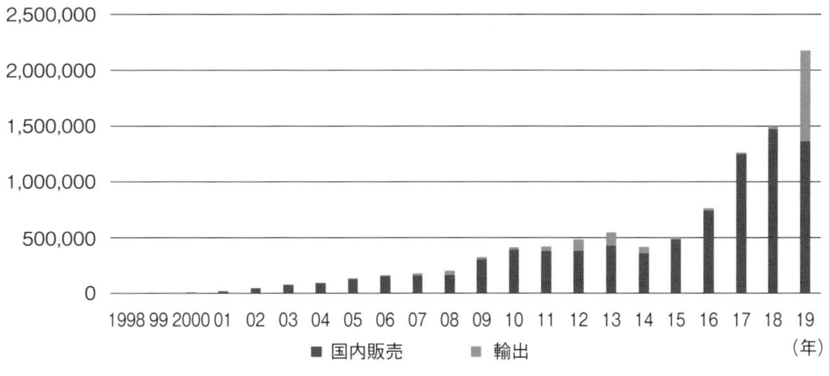

資料：吉利自動車ホールディングス各年度の「アニュアルレポート」により作成。

の台数は毎年増えており，2013年は過去最高の11万8,871台を輸出した（図6-2を参照）。しかし，2019年の輸出は81万6,500台に急増した。その原因は，海外で製造しているボルボの70万5,400台が輸出として計上したためである。吉利傘下に入った2009年に比べると，ボルボの販売台数は約2倍となった。

6-2　海外拠点

2007年1月，吉利は，ウクライナでSKDプロジェクトをスタートさせた。SKDとは，セミノックダウンの略語で，ある程度まとまった部品（モジュール）を輸出し現地で組み立てる生産方式である。初年度は300台しかなかったが，海外製造の第一歩となった。それ以来，吉利は海外組み立て工場の建設を加速している。ウクライナの他に，スリランカ，エチオピアにもSKD工場がある。また，ロシア，インドネシア，ウルグアイにCKD（コンプリートノックダウンの略語で，主要部品を輸出し現地で組み立てる生産方式）工場がある。さらに，ベラルーシに年間12万台の製造能力をもつ本格的な工場が稼働中である。

工場の他に，吉利は，海外で三つのR&Dセンター（スウェーデンのヨーテボリ，イギリスのコベントリー，ドイツのフランクフルト），四つのデザインセンター（ヨーテボリ，コベントリー，スペインのバルセロナ，アメリカのカリフォルニア）が設立された。

6-3　M&A

2006年10月，吉利はイギリスのマンガニーズ・ブロンズ・ホールディングス（MBH）社との間に合弁会社を設立し，上海でロンドンタクシーを製造する契約を結んだ。これをきっかけとして，吉利は，MBH社株式の19.97％を保有することになった。MBH社は1899年に創業し，イギリスの老舗自動車メーカーで，1948年から製造しはじめた黒いロンドンタクシーが人気を集め，ロンドンのシンボルマークの一つとなった。ところが，規模が小さくて2008年から赤字に陥ったため，MBHは吉利から追加出資を受けた。それにもかかわらず，2013年2月ついに知的財産権，合弁企業の持ち分を含めて1,104万ポンド（約15億6,000万円）で吉利に身売りをしてしまった。MBHは，市場から姿を消したが吉利は上海で名物のロンドンタクシーTX4を製造しており，イギリスへ輸出もしている。

2009年3月，吉利はオーストラリアのDSI社を7,000万豪ドル（約52億6,000万円）で買収した。DSIは80年以上の歴史があり，世界2位の自動車トランスミッション（自動変速機）のメーカーで，年間18万台を製造し，主にフォードへ供給していたが，同年2月に破産した。この買収によって吉利は，車の重要部品である自動変速機の研究・開発技術を手に入れて，自社開発車の技術水準を高めた。

そして，先にも述べたように，ボルボ自動車の買収である。ボルボは1927年に設立した企業グループである。傘下には，乗用車，トラック，バス，建設機械，船舶，飛行機，金融など複数の事業が含まれている。ボルボは設立の時から乗用車を製造しはじめ，「VOLVO」をヨーロッパ発の高級車として育成した。ところが，事業再編のため，1999年ボルボは乗用車部門を64億ドルでフォードに売却した。その後の数年間，フォードはこの買収で毎年数十億ドルの利益を得て，買収資金をほぼ回収したのではないかと思われる。しかし，2006年からボルボ自動車だけでなく，フォード本体も赤字に陥り，特に2008年の金融危機で両方とも赤字幅を大幅に伸ばしたため，フォードはボルボ自動車の売却を急いだ。その結果，吉利は18億ドルでそれを手に入れたのである。

吉利は低価格車のメーカーであるというイメージはすでに消費者の頭に定着されている。李書福はボルボ自動車の買収を通じて，イメージのチェンジを狙っているのではないかと想像できる。ただ，あまりにも差が大きいので，本当に大丈夫かという心配をしている方々が大勢いた。だから，買収後の記者会見で李書福は，浙江吉利ホールディングスの立場から言えば，ボルボ自動車と吉利自動車は兄弟の関係で，ボルボ自動車は吉利車を造らないことに対し，吉利自動車もボルボ車を造らなく，ともに独自のブランドで頑張っていくと強調した。近年のボルボ自動車の日本市場での健闘ぶりは，目を見張るものがある。吉利の傘下に入った後，ボルボ自動車は守りの戦略から攻めの戦略に変わり，頻繁に出した新車広告は，販売の拡大に貢献している。さらに，第38回，第39回「日本カー・オブ・ザ・イヤー」の1位として二年連続受賞され

表 6-1　吉利の主な M&A

年　月	内　容
2006 年 10 月	イギリス MBH 社へ出資，ロンドンタクシーの 19.97 %の株式を保有
2009 年 3 月	オーストラリアの DSI 社を買収
2010 年 3 月	アメリカのフォード社からボルボ自動車を譲渡
2013 年 2 月	ロンドンタクシーの全株式を取得
2017 年 6 月	マレーシア DRB-HICOM グループから乗用車事業 49.9 %を，スポーツカー事業 51 %を取得
2017 年 11 月	アメリカの空飛ぶ自動車メーカー Terrafugia を買収
2017 年 12 月	ボルボグループへ出資，8.2 %の株式を保有
2018 年 2 月	ダイムラーへ出資，9.69 %の株式を保有

た。

その後，吉利も世界に注目される M&A を相次いで行った。詳しくは表 6-1 にまとめている。

7 成功要因

それでは，なぜ吉利は 1997 年の乗用車製造に参入して以来，このような目立つ発展を成し遂げたのか。次に，その成功要因をまとめてみる。

7-1　低価格戦略

どんな業界を見ても，後発者にとって最もやりやすい競争戦略は，低価格戦略である。どの会社でも，新しい事業に参入するために，必ず既存の市場を綿密に調査し，競合の商品といかに競争するかを巡って対策を考えるわけである。その時，機能，デザインなどの差別化をもって勝負することもあるが，ブランド力がないと必ずしも期待する効果を得ることはできない。まして，機能，デザインの差別化は高度の技術力を必要とする。そうでなければ，競合会社に知的資産権の侵害を訴えられる恐れがある。だから，機能，デザインは今一つであるが，競合商品より安ければ，魅力を感じる消費者はやはりいるのである。

吉利が最初に狙った競合商品は，天津ダイハツの「シャレード」である。同じ1.3LのトヨタA8エンジンを搭載しているが，小売価格は「シャレード」の8万元台に対し，吉利「豪情」は4万元台に設定した。初めて車を購入しようとする消費者は，聞いたことのない車を見て迷っていたが，その安さに折れ，ついに財布の紐が緩んだ。天津ダイハツは吉利の脅威を感じ，値下げを敢行して，「中国一安さ」を宣伝したら，吉利も同幅で値下げ，再び「中国一安さ」の看板を奪還した。それ以来，吉利は終始低価格戦略を実施している。ただ，低価格帯の車を製造すると同時に，吉利は中価格帯の車の開発にも力を入れている。現在発売している「豪情」は6.98～10.08万元，「EC8」は9.98～20.98万元のように中価格帯の車が中心となっている。

7-2　資金の分担策

自動車事業に参入するには，膨大な資金が必要である。吉利は建築資材とバイク事業で，ある程度の資金を貯めたが，新たに車製造の工場を建てる余裕はなかった。しかも，その時，融資の道はなかった。車の製造は政府の認可を受けなければならなかったが，吉利はまだ受けていなかったため，融資する銀行は一行もなかった。そのため，李書福は自分の事業に賛同する中小企業に呼びかけて，確保した土地で工場を建ててもらう代わりに仕事をあげた。これらの工場の集まりは，一つの大きな工場を形成して，対外的に吉利工場としてビジネスをしているが，吉利はこれらの工場に出資しなかったため，賛同した中小企業は事実上の下請けである。ただし，下請けは通常外部に点在しているが，吉利の場合，内部の敷地に来てもらうため，部品調達の輸送コストを削減し，時間を短縮することができた。進出する中小企業は，仕事さえあればいいではないかと思って，内部の関係を外部に漏らす人はほとんどいなかった。2001年，ある下請けの経営者はその構造に反発し訴訟を起こしたため，外部の人々はようやく吉利の資金分担策を知ったのである。

2001年以降，吉利の資金調達の道が増えたのである。その理由の一つには，同年4月，政府はついに吉利に生産許可を与えたからである。これで，銀行融資の道を拓いた。もう一つの理由は，2005年5月の香港上場である。この上場によって海外での資金調達することができるようになったのである。

7-3　人的資源

もともと自動車メーカーではない吉利にとって，車を造るために一番のネックは人材の欠乏である。李書福は全従業員の名簿を調べて，自動車メーカーの出身者を3人見つけ，早速彼らを集めて，2台のベンツをバラしては復元を繰り返し，この一連の作業から組み立てのノウハウを習得させた。最初の車は，この3人の手作り作業で完成したものである。言うまでもなく，これはどうしようもない時の非常手段であった。本格的に車を造るなら，どうしても人材が必要である。

そこで，李書福は目を第一汽車，上海汽車など国有メーカーに向けて，人材のスカウトに乗り出した。第一汽車は中国一の国有自動車メーカーであるが，計画経済の時代，「赤旗」というブランドの乗用車を作っていたが，スピードは遅く，燃費は悪く，政府部門の公用車しか使えなかった。1991年，フォルクスワーゲンと合弁会社を作って「アウディ」を生産しはじめたため，自社ブランドの「赤旗」の生産を停止した。結局，「赤旗」の開発に携わっていた技術者は，このままでは居場所がなくなるのではないかと心配して転職を考えていた。ちょうどそのような時期，李書福は人材探しのためにやってきた。その結果，第一汽車の技師長，副技師長，「赤旗」の開発者，南京汽車の元技師長，上海フォルクスワーゲンの総経理，天津歯車工廠の技師長などを含め，多くの自動車関連専門家が吉利に転職した。その後，李書福は倒産した韓国の大宇自動車から副社長兼中央研究所所長を含める上級管理職と技術者を雇った。これらの内外から引っ張って来た人材は吉利の発展に大きな貢献をしたことになる。

吉利は，かつて名門大学で奨学金を出して優秀な学生を数十名雇用したことがある。現場のリーダーとして育成しようとしたが，そのような大学卒業生はエリート意識が強く，現場に配属しても，すぐ会社を辞めてしまった。それ以来，李書福は方針を転換し，自社で育成することにした。具体的な措置は，学校を創設するということであった。これまで，李書福は吉利工商学校（後に浙江経済管理専門学校に昇格），浙江吉利技術学校，浙江吉利中等専門学校を設立している。

それだけではなく，1999 年 11 月，李書福は北京で敷地面積が 167 ヘクタールもある吉利大学の建設を始め，翌年の秋 3,000 人の学生を募集した。この大学の特徴は，自動車学部を中心とする教育体制である。そこで勉強した学生は卒業後，本人の希望で吉利に就職できるため，人気が急上昇した。また，私立大学としてスタートした吉利大学は，内外から教育の専門家を多く招聘してしっかりした教育体制を整えて，教育プログラムを実施していたため，2014 年 5 月，中国教育部は正式に吉利大学を学士学位が授与できる四年制大学として認めた。これがきっかけになり，吉利大学は北京吉利学院に改名した。現在，1 万 2,000 人の学生は自動車学部，商学部，財経学部，理工学部など 9 学部で勉強している。

このような人材育成の体制を作った結果，吉利の発展のためにさまざまな人材を継続的に提供することができるようになったのである。

第7章 小米科技

（シャオミ）

1 ••• はじめに

中国の小米（シャオミ）（Xiaomi）科技は，2019年12月9日日本市場への参入を表明した。小米科技は，中国のスティーブ・ジョブスといわれる雷軍（ライグン）（Lei Jun）が率いる新興スマートフォンメーカーである。日本に上陸したばかりなので，その会社を知っている日本人はごく一部だと思う。そのため，ここでは小米の実像を明らかにしていく。

2 ••• 創業者

2-1 プロのプログラマー

雷軍は，1969年中国内陸の湖北省（コホクショウ）沔陽県（ベンヨウケン）（現在の仙桃市（セントウシ））趙湾村に生まれ，中学校時代は文学が好きで，特に古代の漢詩に夢中であった。また，囲碁も得意で高校の時，チャンピオンになったこともある。18歳の夏，雷軍は全国統一入学試験で国家重点大学である武漢大学コンピュータ学部に合格した。

1987年当時，中国ではコンピュータ学部をもつ大学がまだわずかなので人気が高く，競争の倍率も高かった。雷軍はこの学部でソフトを専攻した。囲碁で培った論理的思考力のおかげで，雷軍はプログラミング言語を他人より早く習得し，一人前の知識とスキルを身に付けた。時には，ソフトについて教員より彼の方が詳しいということもあった。その証拠が二つある。一つは，彼が一回生の時，宿題として書いたプログラムが翌年同学部教員により編集したテキストに収録されたことである。もう一つは，二回生の時，彼はコンピュータウィルスの専門家として湖北省公安局に招かれて講演したこともあった。

武漢大学は，中国で最も早く単位制を導入した大学の中の一校で，意欲と能力のある学生にとって履修選択の自由度が高かった。結局，雷軍はわずか2年間で卒業に必要な単位をすべて取得した。しかしながら，単位をすべて取得したとしても大学を卒業することができなかったため，雷軍は自分のソフトに関する知識を活かす場を求めていたのである。

北京の中関村（チュウカンソン）のように，武漢大学の周辺にも早くから電子街が形成されて，ハードとソフトを問わず，パソコンとその関連機器，部品がほぼそろっていた。雷軍は毎日この町に出入りし，ソフト関係の仕事を半分はアルバイト，半分はボランティアの気分で引き受けて，学生寮内で開発にも携わっていた。彼はいつも他人より課題を早く完成し，開発したソフトも応用性が高かった。例えば，彼は不法ダウンロードを防止するソフト，ウィルス駆除ソフト，財務ソフト，CADシステム，中国語システムなどを開発しただけでなく，マザーボードの設計と製作にも携わり，ハッカーまでやって他人のソフトを解読したこともある。この腕前は電子街の経営者たちに注目され，ほどなく電子街のソフトの有名人になった。この間に，雷軍は既存のソフト開発テキストの不都合に気づき，一人の仲間と一緒に分かりやすいテキストを自ら編集して出版し，ベストセラーになった。そのため，大学二回生から原稿料とアルバイト収入だけで経済的に自立していた。

1989年，雷軍は王全国に初めて会った。王全国は当時電子街の技術の権威で，武漢大学を卒業後，同大学発のベンチャー（パソコン販売会社）で働き，後に金山ソフト（Kingsoft，以下，金山という）の副総裁になった人物である。二人は旧友のように気が合った。その時，王は不正コピー防止ソフトのインタフェースを開発中であり，雷は似ているソフトを開発したことがあるため，二人は即座で共同開発を行うことを決めた。その結果，BITLOK0.99を誕生させた。その後，ハッカーからの攻撃を受けては改良を加え，二十数回の改善を経て，このソフトは注目され，用友，金山など大手ソフト会社からも注文が入り，ますます注目され，結果的には約100万元（1,550万円）を稼いだのである。

2年後，BITLOK1.0の開発に成功し，100万台以上のパソコンに使われた。

しかし，BITLOK1.0はプロの開発者しか使わないので，市場が小さかった。それにもかかわらず，ユーザがある限り，雷軍は改善を続けBITLOK3.0まで開発した。

また，1990年の夏に，雷軍は大学四回生の時，仲間2人と一緒に三色というベンチャー企業を設立した。他社が開発したパソコン用の漢字変換ソフト（漢字カード）を模倣してビジネスをしようとしたが，半年後，見事に失敗した。この失敗は，彼のその後の人生に有益な教訓をもたらした。

2-2　雇われた経営者

1991年6月，雷軍は大学を卒業して北京にある国立研究所に配属された。安定の職を得たが，やりたい仕事はまだ見つからなかった。同年11月，彼はあるパソコン展示会で求伯君に会った。求伯君は雷軍の崇拝者で，金山の創業者でもある。金山は当時すでにWPS（Word Processing System）という中国語文字処理ソフトの開発で有名になり，人材を募集して，より一層拡張しようとしていた。求伯君も雷軍の腕前を前から知っており，2ヵ月後正式に雷軍に参画を誘った。言うまでもなく，雷は即座にこの誘いに応じ，金山の6人目の社員になり，また金山北京研究開発部マネジャーに就任した。

雷軍はプログラムを書くために，猛勉強し，BASIC，MASM，PASCAL，C++，VBA，DELPHI，JAVAなどを上手に使えるようになった。求伯君の10万行コードから生まれたWPSは，雷軍の改善でさらに発展し，中国語文字処理ソフト市場で圧倒的なシェアを占めた。

ところが，1994年，マイクロソフトはWord4.0をもって中国市場を攻め始めた。WPSの優勢に対し，マイクロソフトは正面衝突を避けて，Word4.0との兼用を金山に提案した。雷軍はこの提案を国際強豪に学ぶ絶好の機会と見て応じたが落とし穴であった。Windowsの旋風に巻き込まれて，WPSは急速にシェアを失った。1996年4月，雷軍は責任をもって辞職願を出した。求伯君は辞職を認めなかったが，雷軍に6ヵ月の休暇を言い渡した。休みの間に，雷軍は，読書に集中し，特に毛沢東の本を多く読んだ。なぜ毛沢東の本を読むかについては，その原因をまだ究明していないが，ハイアールの張瑞敏，レノボの柳傳志，ファーウェイの任正非など有名な経営者はいずれも毛沢東の本から多くの示唆を得たことを考えて，雷軍も毛沢東の軍事理論，例えば遊撃戦（ゲリラ戦争）に関する理論から弱者がいかにして強者に勝つかについての理念を学びたかっただろうと思われる。

主力ソフトの損益を補うために金山は，パソコンゲーム，応用ソフト，アンチウイルスソフトなどの開発を行い，それぞれの分野でシェアを伸ばした。例えば，1996年1月に売り出した『中関村啓示録』は，中国初パソコンゲームとなり，1997年4月に発売された『剣侠情縁』シリーズは大ヒットになった。しかし，開発の加速に伴って，資金繰りの問題が発生した。その結果，金山は1997年にレノボから450万ドルの出資を受けて，レノボ上級副総裁の楊元慶が会長，求伯君は総裁，雷軍は総経理にそれぞれ就任した。その年，雷は29歳であった。

資金の問題をある程度解決した後，金山はすぐ戦略を転換し反攻し始めた。1997年10月，Windowsをプラットフォームにする WPS97の開発が成功し，しかも28元（434円）での低価格で発売したため，中国パソコン業界の一大事としてマスコミに報道された。1999年10月，中国語辞書ソフトの『金山詞覇2000』は発売され，1ヵ月後，早くも100万枚の出荷を達成した。初めて100万枚を突破した国産ソフトのため，中国国家図書館は『金山詞覇2000』を永久に保存することになった。

2000年5月，金山は聯想（レンソウ）投資と手を組んでB2C電子商取引をビジネスとする卓越社（タクエツシャ）を設立した。金山が投下した経営資源を70％と評価する一方，聯想投資は450万ドルを出資して30％の株式を持つことになる。雷軍は会長に就任した。卓越社は，音響事業部，図書事業部とソフト事業部を設けている。その後，卓越網というサイトを立ち上げて，ネット販売を始めた。1年後，卓越網は中国市場にあるネットブックストア2強の一つとなった。

しかし，2004年，アマゾンは中国でビジネスを拡大するために，同業の卓越網を買収しようとした。雷軍は自分が作った卓越網を売却する意図を全く持っていなかったが，いつかアマゾンに潰されると考えて7,500万ドルで決着した。この売却で，金山は5,250万ドルを得たが，雷軍をはじめとする経営陣が一斉退陣した。聯想投資も2,250万ドルを分配されて，投資分の450万ドルを引いて高いリターンを得た。

2-3　エンジェル投資家

卓越網の売却で，雷軍の個人資産も大幅に増加し，CEOとして金山の経営に携われる傍ら，有望な若手の起業に関心をもってサポートすることにした。

2004年，第三者支払いプラットフォームであるラカラ社（Lakala）が創設されたばかり，雷軍はレノボと共に200万ドルを投資した。

2005年，李学凌（リガクリョウ）が多玩網（duowan.com）を創立した時，雷軍は個人名義で100万ドルを投資した。2008年，音声通信ソフトYYカスタマーの誕生に伴って，多玩網の登録ユーザは4億人に上り，84％のシェアを持っていた。2012年，子会社となったYYカスタマーはアメリカのナスダック上場し，10.5ドルで発行し，8,190万ドルの資金を調達した。時価総額は6億ドルになったため，雷軍の100万ドルの投資価値は1億3,300万ドルと一気に上がった。

2005年，陳年（チンネン）が「我有網」を立ち上げた時，雷軍は投資したが，間もなく失敗した。2007年，陳は再び電子商取引の「凡客誠品網」（vancl.com）を創設し，雷軍に出資を頼み，雷軍は快諾した。結局，凡客誠品が伸び，現在の市場価値は32億ドルになった。

2007年10月16日，金山は香港聯合取引所に上場し，時価総額が6億261万香港ドルに上がった。これがきっかけになり，2ヵ月後，9年間CEOを務めていた雷軍は16年間在籍している金山を退職した。ただ，金山とは縁が切れていないので，2011年7月から現在に至るまで雷軍は金山の非執行取締役会長を務めている。

2008年，雷軍はUCwebに投資し，会長に就任した。2010年まで，雷軍は移動ネット，電子商取引とSNSに絞って合わせて約20社に投資した。2015年時点，それらの会社の市場価値は200億ドルもある。これらの会社は，その後いずれも直接的または間接的に小米のビジネスをサポートしている。

雷軍の投資成功率は明らかにプロのベンチャー・キャピタルより高いので，時々投資のノウハウとは何かを記者に聞かれたようである。これについて雷軍の答えは，自分が創業して以来，間違いが多く失敗も多かったので，他の創業者にどの道が通ってはいけないのかを教えてあげることによって，間違いを減らすことができるということである。実は，雷軍はエンジェル投資家として，自分なりの投資基準を持っている。それは知り合いでなければ，あるいは知り合いの知り合いでなければ，投資しないという原則である。この原則からわれわれは，雷軍は投資先のキーパーソンとの人脈をいかに重視するかがよく分かった。代わりに，彼は相手のビジネスプランを一切読まないのである。

2-4　本格的な経営者

これまで雷軍は，技術者（プログラマー）にせよ，雇われ経営者にせよ，それともエンジェル投資家にせよ，いずれも成功した。それにもかかわらず，雷軍は，心の中に欲求不満がずっと残っていた。それは一体何であろう。確かに，金山は雷軍のリーダーシップの下でOAシステムの領域で，ある程度のシェアを確保したし，上場も果たしたが，業界のトップにはなれなかった。卓越網に夢を託したが，結局アマゾンに買収されてしまった。雷軍は卓越網を売却した際の辛さを娘売りと例えて語ったことがある。また，エンジェル投資で儲けたが，本当にやりたいことではなかった。それなら，雷軍が本当にやりたいことは何か。それは業界のトップ企業を作りたいという夢である。それこそ雷軍が人生2回目のベンチャーを起こした動機である。

3 小　米

3-1　創　業

2009年12月，40歳を迎えた雷軍は，もう一度起業することを決意し，早速パートナーの探しに乗り出し6人を集めた。彼らの前職は，それぞれグーグル中国研究院副院長，グーグル（中国）上級プロダクトマネジャー，マイクロソフト中国研究院開発総監，金山デザイン総監，北京科技大学工業デザイン学部長，モトローラ北京研究開発センター上級総監であった。その中に，雷軍の一声で駆けつけた元部下もいるし，12時間にわたって説得しても決断できず，

図7-1　小米のロゴマーク

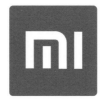

出所：小米ホームページ

また数日間雷軍を待たせてようやく加盟した人もいる。

この人たちの最初の仕事は，アンドロイドをベースにするスマホ用のオープンプラットフォームの開発であった。その結果はMIUIの誕生である。MIUIはアンドロイドをベースにするスマホの操作システム（OS）である。その開発理念は「極簡美学」をもって表現されている。具体的に言えば，「提煉本質（本質を追求），専注内容（コンテンツに集中），還原情境（理想な状況を実現）」という12文字に含まれている。

2010年4月6日，雷軍は正式に小米科技を設立した。この社名にある「小米」の「小」は，小さい会社を意味する謙遜語である。「米」の中国語発音はMIであるが，英語の「Mobile Internet」（移動ネットワーク）の略語でもある。だから，小米のロゴマークもMIの変形である。また，このロゴを逆さまにすると，漢字の「心」に似ているが，右に一点が少ないことは，顧客の煩わしいこと（心事）を少なくするということを意味する（図7-1）。

3-2　小米のスマホ

雷軍はスマホを作ろうとした。この話を知った業界の人間はほとんど批判的姿勢を見せた。なぜなら，アップル，サムスンなどは，すでに圧倒的な強さでこの業界を制覇しており，いかなるものの挑戦も許さなかったからである。それにもかかわらず，雷軍は，絶対やると不屈の意志を示した。

言うまでもなく，いくら意志力が強くても，それなりの実行力がなければ風車に宣戦するドン・キホーテしか言えない。言い換えれば，実行力こそ，雷軍の挑戦者としての真価が問われていたのである。それでは，雷軍はどのようにスマホを作るのか。

アップルはスマホの企画とデザインを自社で開発するが，製造はすべてOEM方式で台湾のEMS（Electronics Manufacturing Service：電子機器製造受託サービス）メーカーに委託しているため，小米も同じメーカーに発注しようとした。ところが，名前さえ聞いたことのない小米の注文を安易に受け入れてくれるメーカーは1社もなかった。なぜなら，スマホの生産はすべてオーダーメイドなので，一旦受け入れたら設備投資などで結構の出費があり，大量の注文でなければ，資金を回収できないからである。初めてスマホを作る小米にとって，いきなりアップル並の大量発注ができないため，諦めるか，単価増の条件を飲むしかない。それでも小米は発注する。狙いは一つだけである。それは，アップル並のスマホを作るということである。部品の調達も同じである。アップルはシャープから液晶パネルを調達するため，小米もシャープに発注する。特に，「3.11」の直後，外国の取引先は日本を敬遠したが，雷軍は自ら調達担当者と共にシャープを訪れて，商談をまとめた。

ところが，たとえアップルと全く同じサプライヤー，同じOEM先を確保しても，「シャオミ」はブランド力がなくて売れるわけはない。これは小米の主旨でもない。雷軍の狙いは，アップルと同じ品質であるが，アップルの半値以下，すなわち高品質，低価格のスマホを開発するということであった。

サプライヤーとOEM先を開拓すると同時に，小米はSNSの「米チャット」という携帯用のチャットツールを開発した。これで，開発者は自分の意図を利用者に公開し，良いかどうかを評価してもらうことができる一方，利用者は開発者の意図を理解し，スマホの理想的な姿を提言することができた。結局，「シャオミ」が発売される前に，すでに50万人がファンになっていた。また，雷軍は自ら率先してブログを開設しただけでなく，全社員にSNSで発信するよう呼びかけて，早くも1,000万人の会員（2020年2月4日時点，雷軍のブログに登録しているファンは22,334,500人）を集めた。これらの会員は米ファンと呼ばれ，後にシャオミの最初の使用者となる。

2011年9月，小米は1,999元（3万980円）の低価格でシャオミM1のオンライン予約販売を開始し，34時間で30万台が売り切れた。この価格を知った人はみな驚いた。なぜならアップルのスマホは5,000元（7万7,500円）以上で，多くの消費者にとってなかなか手が届かない高嶺の花であったからだ。シャオミは，この売価で採算が取れるのか。答えは否である。それをよく知る雷軍は，敢えてこの値段で勝負するのはなぜか。調べてみれば，その理由が分かった。一つは，後発者としてブランド力がないので，機能がほぼ同じなら価格が顧客の購買欲を引き起こす唯一の武器になる。競合商品より5％か10％安い売価を設定しても，顧客は魅力をあまり感じないので，雷軍は思い切り競合商品の半値以下に決めた。これならいくら財布の紐の堅い人も動揺するに違いない。そして，初期段階採算が取れなくても，売れば売れるほど，原価率が下がり，一旦損益分岐点を越えたら，利益が出るからである。言い換えれば，損益分岐点が高まったが，スピードを出せば同じ効果を得られる。もう一つは，ハードだけでなく，ハード以外にも利益源を作る。アップルの場合，ハードのコストをできるだけ抑えているため，高い利益を得たのである。それに対し，シャオミはハードだけでなく，ソフトとサービスを併せて利益を稼ぐという競争戦略を取っている。

この競争戦略を実現するために，シャオミは毎週基本ソフトのアップデートを行い，利用者は無料で更新できる。2015年5月1日時点このサービスはすでに235週続いている。また，万歩計，カロリー計，目覚まし時計，着信提示，本人認証など諸機能を一体にするブレスレット，携帯Wi-Fi，ルーターなど，スマホ通信に必要なものを次から次へ売り出し，利用者の悩みを解消している。

2012年5月，小米は大学生向けの1,499元（2万3,230円）の「小米青春版」の予約販売を開始し，10分52秒で15万台を売り切り，平均1秒で230台を売るという記録を作り出した。

2012年10月，シャオミM2が発売され，2分51秒で5万台が完売した。翌月19日，M2のネット販売に百万人は殺到し，たったの2分29秒でそのうちの10万人がそれを手に入れた。

2013年10月，シャオミM3が発売されたが，CPU，パネル，カメラ，バッテリーなど主な部品がすべてバージョンアップしたにもかかわらず，売価を相変わらず1,999元のままにした。例えば，CPUはNVIDIAのTegra4を，パネルはシャープまたはLGの5インチ1080Pを，カメラはソニーの1,300万画素のものを，バッテリーはサムスンまたはLGかソニーのリチウムイオン電池をそれぞれ搭載している。ひと言で言えば，その時点の世界最高レベルのスマホであった。われわれはM3について世界最速のスマホを求めている雷軍の狙いを感じている。

現在，シャオミM3より新しいバージョンM4を1,999元で売り出しているため，M3は1,499元に値下げをした。

また，アップルのスマホに比べると，1,999元のシャオミは安いと言えば安いが，中国の現状から言えば，この値段でスマホを手に入れられない若者がまだ大勢いる。そのため，2013年7月，小米は中国移動向けの格安スマホ「紅米」を発売した。スマホの基本機能を守るが，最低売価は699元（1万880円）にしたのである。紅米のおかげで，中国のスマホ人口は急増している。

振り返ってみると，シャオミM1の発売から2014年末まで，3年4ヵ月しか経っていないが，すでに8,741万台のスマホを売り出して，売上高もうなぎ上りのように伸びている。図7-2は小米スマホの販売台数と売上高の推移である。それによると，売上高は2011年の5億元（77億5,000万円）から2018年

図7-2　小米スマホの販売台数と売上高の推移

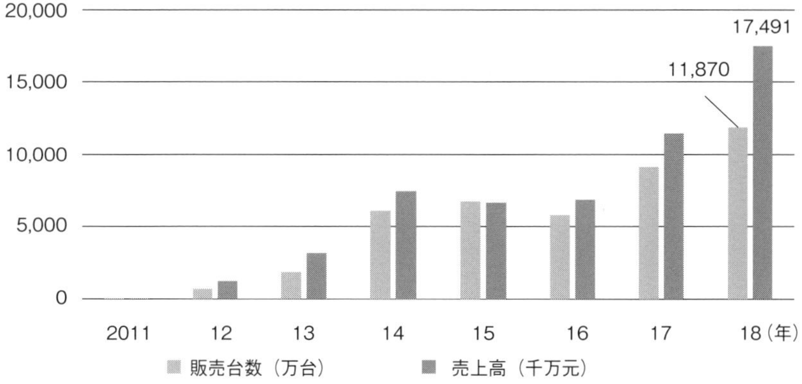

資料：各種の資料により作成。

の1,749億元（2兆7,109億円）に上がり，350倍増となり，シャオミの販売台数も2011年の40万台から2018年の1億1,870万台に上がり，297倍増となったことが分かった。

3-3　小米の資金調達

先に述べたように，小米は設立から10年に満たないが，運営資金に問題はないか。このように発展している会社は，資金の需要も大きいのに間違いないが，小米の資金調達は大丈夫なのか。次は，これについて検討してみる。

2010年9月，小米は社内で資金調達を実施し，経営陣を含めて全従業員56人から1,000万ドルを集めたので，平均一人当たり20万ドルである。3ヵ月後，初めて外部から資金調達を行い，総額2,750万ドルを集め，企業価値は2億5,000万ドルと評価された。外部の投資会社3社，すなわちMorningside，IDGと啓明創投に出資してもらった。そのうち，Morningsideはハイテクベンチャーへの投資が中心となる香港のベンチャー・キャピタルである。IDGは，IT分野の調査サービスで有名なアメリカの会社で，ベンチャー・キャピタル事業も行っている。啓明創投（Qiming Venture Partners）上海を本部にする国際ベンチャー・キャピタルで，主にアーリーステージと成長期に入る中国企業に投資している。

2011年9月，小米は3回目の資金調達を行って，8,800万ドルを調達した。企業価値も10億ドルと評価された。出資者のうち，前回と同じ3社の他に，新たに順為基金（Shunwei Capital Partners），テマセク（Temasek Holdings），クアルコム（Qualcomm）が加わった。順為基金は，雷軍が共同創始者兼会長を務めており，主にネット企業に出資する投資ファンドである。テマセクは，シンガポール政府が所有する投資会社で，世界で最も高い評価を受ける投資会社の一つである。クアルコムはアメリカの通信技術および半導体の設計開発を行う企業で，小米へCPUを提供するサプライヤーでもある。

それより9ヵ月後，4回目の資金調達が行われ，2億1,600万ドルを集め，企業価値も40億ドルと評価されたが，守秘契約をしているため，小米は出資先を公開しなかった。

2013年8月，小米はDST社から1億ドルを調達した。企業価値も100億ドルに評価された。出資者のDSTはDigital Sky Technologiesの略称で，ロシアの投資ファンドである。名前だけで知らない人が多いが，フェスブックの大株主と言えば，その実力が分かるはずである。

その後，小米も数回の資金調達を行ったが，規模はそれほど大きくなかった。上場前，最後の資金調達は2014年12月からスタートし，2017年8月に入金済であった。ファンド会社5社，すなわちAll-Stars Investment，DST，GIC，厚朴投資（Hope Fund）と雲峰基金（Yunfeng Capital）から合計11億3,300万ドルを調達したが，企業価値はなんと450億ドルと高く評価された。この結果，小米は企業価値が世界一高い未上場のICT企業となった。そのうち，All-Stars Investmentは，元モルガンスタンレー取締役社長など同社出身者5人が設立した投資会社である。主に中国のネット関連会社に投資している。GICは，シンガポール政府投資会社で，同国の最大手の国際投資会社でもある。厚朴投資は，ゴールドマン・サックスの中国パートナーである方風雷が設立した投資会社なので，ゴールドマン・サックスとテマセクはサポートしている。もう1社の雲峰基金はアリババグループ統帥，中国一億万長者である馬雲が作った投資会社である。

これまで合計9回の資金調達を実施したが，主な調達の詳細は表7-1にまとめている。これによると，国内外のベンチャー・キャピタルと投資ファンドは

表7-1　小米の主な資金調達一覧

実施年月	調達資金（ドル）	企業価値（ドル）	主要出資者
2010年 9 月	1,000万	2億5,000万	Morningside，IDG，啓明創投，従業員
2010年12月	2,700万	同上	同上
2011年 9 月	8,800万	10億	Morningside，順為基金，啓明創投，IDG，テマセク，クアルコム
2012年 6 月	2億1,600万	40億	非公開
2013年 8 月	1億	100億	DST
2014年12月	11億3,300万	450億	All-Stars Investment，DST，GIC，厚朴投資，雲峰基金

出典：各種の参考資料により作成。

早い時期から小米に注目しているといえる。

2018年7月9日，小米集団は香港証券取引所へ上場し，249億7,500万香港ドルを調達した。それは創業8年3ヵ月後のことであった。2020年2月4日時点，小米の市場価値は2,886億香港ドルであった。

4 ●●● 小米の競争戦略

ここまで来て，小米の競争戦略の全体像が見えるようになった。それは，アップルをベンチマークにしながら，アップルの弱みを見つけて，自社の強みを存分に生かすということである。具体的に言えば，以下のようにまとめられる。

4-1　高品質・高機能と低価格の両立

一般的に言えば，高品質・高機能と低価格は相反する関係である。高品質と高機能を達成するために，余分のコストがかかるので，低価格が不可能である。先にも述べたように，小米はメイン部品の調達先をサムスン，シャープ，ソニー，LGなどに絞り，OEM先も同じ台湾企業のインベンテックの子会社であるIACと鴻海の子会社であるフォークスコンの中国工場を指定したアップルと全く同じであるが，調達と委託加工の量がアップルより少ないため，コストがアップルより高い。それにもかかわらず，小米は利益を削って完成品の販売価格をアップルより低く抑えている。結局，高品質と低価格が両立している。また，シャオミの高機能とは，機能が多いほど良いのではなく，ほとんど使わない余計な機能を省き，代わりに消費者の本当にほしがる機能を付けているということである。例えば，小米のスマートTVに使うリモコン機能，地下鉄の改札を通る機能（日本のSuica，PASMOに似ている電子マネー）などを開発して，大いに歓迎されている。

4-2　ハード以外にも利益の確保

アップルはハードから利益を多く取っているが，小米はハードから利益を少ししか取れない（5％を超えない）ので，ソフトとサービスから利益を生み出している。これはもともとソフトが得意という小米の企業体質と関係がある。例えば，自社開発のモバイルゲームは人気作の連発で小米の収益に多く貢献している。また，スマホ以外の IoT（Internet of Thingings：モノのインターネット）分野においても，小米は力を入れている。例えば，スマート家電（TV，エアコン，洗濯機，掃除ロボット），音響機器，電子ブレスレットなどの売上高（2018年度）は，すでに438億元（6,789億円）に達し，全売上高の25.1％を占めている。

4-3　SNS の活用

小米はスマホを発売する前に，Facebook に似ているツール（米チャット）を開発して，たくさんの会員（米ファン）を作った。雷軍をはじめとする経営陣のブログ開設も米ファンの急増に大きな役割を果たした。このような SNS 活用は，シャオミの発売において，売れる環境づくりができたといえる。また，発売の後でも，消費者の評価を随時に把握して，リアルタイムで消費者とコミュニケーションを取りながら，商品の改善を進めている。

4-4　オンライン販売

小米は後発者としてスマホの業界に参入し，先発者に比べると不利の面が多くあった。経営資源の視点から見れば，人材，技術，資金，情報，ブランドなどありとあらゆる面に劣勢を余儀なくされていた。そのため，店舗販売，広告，コマーシャルなど伝統的なマーケティング手法を一切取らず，オンライン販売に資源を集中的に投入して，大幅なコストダウンを実現した。現在，シャオミの7割はオンラインで販売しており，残りの3割は中国聯通，中国移動など提携先の販売ルートを使って売り出している。ただ，実物を手に持っていじりたがる消費者も多くいるし，アップルショップというベンチマークもあるので，小米は2017年から大中都市に実店舗「小米の家」を出し，2018年末まで全国で586店舗を経営している。

5 ●●● 小米のアキレス腱

設立してから10年未満の小米が，このような速さで成長していることが確かに素晴らしいと思う。しかし，小米のビジネスモデルは持続可能であるか。これについて，多少の疑問が残っている。なぜかというと，二つの事実があるからである。

一つは，特許の壁である。小米はいくらソフトが得意な会社といっても，スマホの設計と製造に関する技術をほとんど持っていないことが明らかである。そのため，スマホを製販するために最初から関連特許を所有する会社とライセンス契約をしなければならない。2012年6月26日，雷軍はシャオミのコストを公開したことがある。それによると，CPU技術を提供するクアルコムに支払う特許使用料は，販売価格とパーセンテージで連動していることが分かった。売価が1,999元にした際に支払う特許使用料は110元（1,705円）なので，そのパーセンテージが売価の5.5％であると計算できる。

ところが，1台のスマホにはたくさんの技術が使われている。どんな技術がどの会社の特許に保護されているかについて，小米はすべて把握していると考えられない。そのため，特許侵害を理由に提訴されるリスクが存在している。例えば，2014年6月，小米はインド市場に進出して，「紅米（ホンミ）」（Honmi）スマホを発売しはじめた直後，エリクソンは直ちに小米へ特許の無断使用停止と使用料の支払いを求めに来た。小米との交渉が不調のため，エリクソンはインドで裁判を起こした。同年12月11日，デリー高等裁判所は小米の特許侵害に対し，輸入と販売の一時中止を命じた。その後，小米はエリクソンの特許と関連しないスマホを投入してインドでの販売を再開したが，この判決で小米に与えたダメージは大きかった。それだけでなく，マイクロソフト，ノキアもエリクソンの行動を見て提訴する可能性も高い。もし，小米はエリクソンおよび潜在的な訴訟先とライセンス契約をいちいち結んだとすれば，1,999元という売価を維持できるかどうか，恐らく無理ではないかと思われる。やむを得ず値上げをしたら，顧客離れになりかねない。

インドでの敗訴を受けて，小米は急いでこれまでの発明特許の出願データを公表した。これによると，2011年までは35件，2012年は257件，2013年は643件，2014年1,300件（推定）で急増していることが分かった。確かに健闘していると言えるが，全部合わせても2,235件なので，世界の強豪と比較しても比べものにならないほど少ないことが現状である。そのような理由から，小米は特許の壁を越えなければ，いきなり挫折することが否定できない。幸いにも，この数年間小米は自主開発を強化し，R&D従業員を7,371人（全従業員の44.2％）までに増員したので，特許の出願数が急増し，トータルで1万6,000件を超えている。

もう一つは，ライバルの追撃である。かつてのパソコン業界のように，パーツのモジュール化に伴って，誰でもパソコンを組み立てることができるようになった。結局，業界の再編が激しく，シェアトップのデルは急に後退した。代わりのトップとなったHPもその座に長く座ることできず，レノボに追い越された。携帯電話の業界も同じである。かつての世界王者のノキアは，スマホの参入に後れ消費者に敬遠された結果，マイクロソフトに身売りをせざるを得なかった。言い換えれば，ICT関連のビジネスはライフサイクルが短くてリスクが高い。いつ，どこで，どんなライバルが生まれるかさえ予測できないまま，価格競争に巻き込まれる，あるいは斬新なビジネスモデルを武器にする新規参入者に撃破されるリスクはいつも存在している。特に，世界の工場といわれる中国では，このようなライバルが生まれる確率がどの国よりも高い。事実上，小米をライバルとして追撃している中国企業は数社ある。すなわち，小米はライバルに模倣されにくいビジネスモデルを作ることができなければ，アップルを追い越しても同じ運命を避けることができないと思う。

6 ●●● おわりに

本章は，小米というスマホ業界の挑戦者に焦点を当て，その歴史と競争戦略を明らかにした。こんなに歴史が短い会社がこんなに素晴らしい業績を上げたことは，世の中にあるのか。しかし，小米を単なる携帯電話の会社と見なすなら正しくない。なぜならば，小米はソフト，ハードとネットワークを同時進行の形でその極致を追求しているからである。小米はアップルをベンチマークにして，追いつき，追い越そうとしている。雷軍本人もスティーブ・ジョブスを尊敬し，新商品発表会の時は服装も黒のTシャツとジーンズでジョブスのマネをするため，時々「中国のジョブス」とマスコミに報道されるが，心ではアップルを超える会社を作ろうという大きな夢を持っているに違いない。ソフト，ハード，ネットワークの結合は，まさにアップルを追い越す武器ではないだろうか。

雷軍の目から見れば，小米はB2Cのナショナルブランド，スマートフォンエコシステムの樹立者，および移動ネットワークコンテンツとサービスを提供するプラットフォームである。これで完全に達成したとは思わないが，言うまでもなく小米の目標である。数年前から，インターネット・オブ・シングス（IoT：Internet of Things）が流行り始めた。IoTとはパソコン，携帯電話だけでなく，メガネ，腕時計，美容器具，健康機器など身の回りのあらゆる物にネット機能を持たせることを意味する言葉である。小米の電子ブレスレットはすでにこのような機能を持っているし，小米が開発したテレビもリモコンの代わりにシャオミでコントロールしているので，まさにIoTの先端企業である。

第8章 比亜迪(BYD)

ビー ワイディー

1 はじめに

2010年3月，中国の大手自動車メーカーBYD（比亜迪，広東省深圳市）は，日本の金型大手オギハラ（群馬県太田市）の館林工場を買収すると報じられた。BYDは，オギハラの有する高い評価と技術を取り込み中国で生産する車種に活用するという。

それでは，BYDとはどのような会社なのか。BYDの正式名は比亜迪で，中国語の発音Bi Ya Diのイニシャルと思われる。現在，Build Your Dreams（あなたの夢を実現する）と解釈することは一般的である。

2 創業者

2008年9月29日，香港証券取引所から公表された一件の公告は，中国ないし世界の証券業界と投資者に大きなショックを与えた。それは，アメリカの投資家であるウォーレン・バフェットが，子会社のMidAmerican Energyを通じて中国のBYD社に18億香港ドルを出資し，全発行株式の9.89％を取得するということであった。バフェットは，バークシャー・ハサウェイの会長兼CEOであり，筆頭株主でもある。「投資の神様」というニックネームから分かるように，バフェットは株投資で莫大な資産を蓄えて，毎年アメリカのビジネス誌「Forbes」に世界第1位か第2位の億万長者に選ばれている。言い換えれば，彼に狙われた会社は，優良企業である確率が極めて高い。

BYDの創業者は，王傳福（オウデンフク）（Wang Chuanfu）である。1966年2月15日中国安徽省（アンキショウ）無為県（ムイケン）のある農民の家庭に生まれる。少年時代に両親を亡くしたので，兄に面倒をみてもらい，1983年9月中南鉱冶学院（現中南大学）冶金物理学部に入学した。卒業後，北京有色金属研究院大学院に入学し，工学修士学位を取得した。彼の勤勉さと研究能力は指導教授に評価され，大学院を修了後，研究者として同研究院に勤めることになった。

1993年，北京有色金属研究院は，産学連携の形で深圳比格電池というジョイントベンチャーを立ち上げた。大学と大学院で電池を専攻していた王傳福は，最適の人選としてこの会社の総経理（社長）として研究院から任命された。

やる気満々の王傳福は早速，深圳に赴任し，一日も早く成果を出して北京に戻ろうと考えていたが，実際なかなかうまくいかなかった。なぜならばこの会社は小さいにもかかわらず，設立された日から国有企業の弊害が温存され続けていた。総経理といえども，実際意思決定はほとんどできず，いちいち北京からの指示を仰がなければならなかった。退屈を感じる王傳福は，今後の進路を考えざるを得なかった。幸いにも，改革・開放の最前線である深圳では，ビジネスチャンスがいたるところにあった。王傳福は2年間の試行錯誤から自分の技術を生かすビジネスを行うことに自信があり，起業を決断したのである。

ところが，起業するにはまず資金が必要である。王傳福はそのような資金を持っているわけではなかったので，実はいとこの呂向陽（ロコウヨウ）に融資を申し入れた。呂は株売買で大儲けをしており，前々から王傳福の能力を信じていた。そのような状況であったので，呂は250万元（約3,875万円）の出資に応じた。王傳福は資金問題を解決した後，1995年2月，国有企業をやめ，比亜迪科技有限公司（後に比亜迪株式会社に改組した。以下，BYDという）を設立した。その年，王傳福はちょうど29歳であった。このようにスタートしたベンチャー企業が，現在22万1,000人（2018年末まで）もいる大企業に変身しようとは誰も想像できなかった。

3 ●●● 電池で勝負

電池を専門とする王傳福は，電池業界の動向をよく知っている。ある外国文献で電池王国の日本ではニッケルカドミウム電池が淘汰されるという記事を読んだ時，王傳福はビジネスチャンスを感じた。なぜならば，日本にとってニッケルカドミウム電池の技術は，もう時代遅れとなったが，中国にとってはそうではなく，ニーズがまだ十分にあったからである。

王傳福が予想したとおり，中国の市場は，この新しい会社に市場を開放してくれた。国土は広いが電力インフラが遅れていたため，1990年代は言うに及ばず現在でも電力不足は，根本的に解消されていない。よって電池の使い道はたくさんある。言い換えれば，ニッケルカドミウム電池は，市場のニーズに応える商品であると言えた。それだけでなく，王傳福は競争力を強めるために絶えずイノベーションを行っている。例えば，ニッケルカドミウム電池の製造コストの中には高価のニッケル材が大きなウエイトを占めている。BYDはニッケルのメッキの製造法を開発して大幅にコストを削減した。その結果，初年度で3,000万個の電池を販売できた。

その後，市場を開拓するために，BYDは台湾のEMSメーカーに攻勢をかけた。ある大手EMSメーカーは，BYDの商品を測定して，その質の良さと価格の安さに驚き，BYDに発注した。当時，その会社はアメリカのルーセントの下請けとして携帯を作っており，電池の製造をBYDに任せていた。これがきっかけとなり，BYDの商品は世界の大手メーカーにも知られ，フィリップス，パナソニック，ソニー，GEなどの会社も相次いでBYDの電池を使い始めた。その結果，たった2年間で，BYDは1億7,000万個のニッケルカドミウム電池を出荷し，世界シェア4位に浮上した。

1997年，アジア金融危機が発生し，中国企業のビジネスに大きなダメージを与えた。BYDも同じく厳しい状況に直面した。王傳福は，新たな利益源を開拓するために，リチウムイオン電池の開発にも着手した。リチウムイオン電池は1991年，日本の企業が商品化に成功しており，当時，世界シェアの90％を占めていた。

王傳福は，日本から設備を導入しようとして日本を訪れた。ところが，日本側のオファーは想定した金額よりケタ違いに高く，王傳福は設備の導入を断念した。帰国後，王傳福は自力で生産ラインを作ることを考えた。彼は生産ラインの各機能を分解して，数人の従業員でも仕事ができるように工夫した。場合によっては，必要な設備と道具も作った。また，日本の場合，リチウムイオン電池の製造はすべてクリーンルームで行われているが，BYDはクリーンルームを導入するほど財力を持っていないのでクリーン箱を発明した。従業員は，手袋を付けて左右両方からこの箱に両手を入れれば作業ができるようにしたのである。それから3年後，リチウムイオン電池はついに量産できるようになったのである。

それで，BYDは世界市場へ名乗りを上げた。最初の目標はアメリカのモトローラであった。モトローラはBYDのサンプルを測定して，使えそうなものだと気づいたが，無名の会社がなぜこんな商品を作れるかを理解できず，現地調査を行った。工場に入ったモトローラの購買担当者は，大勢の従業員が半分手作業で仕事をしている風景に驚いた。これは，クリーンルームどころか，半世紀前の工場ではないかと思ったようだ。「このような工場でリチウムイオン電池を本当に作れるのか」，「品質の安定性はいかに確保できるのか」，「追加注文が来る場合，調整できるのか」というモトローラ側の心配に対し，王傳福は渾身の知恵を動員して自社製品の特長を解説したが，相手の不安を完全には払拭しきれなかった。しかし，王傳福の熱意と日本製のリチウムイオン電池より6割も安い価格に魅力を感じ，モトローラは技術者を派遣し，持続的に測定することを申し入れた。王傳福はモトローラからの改善勧告をすべて受け入れるよう部下に指示した。2000年11月，モトローラはついにBYDをリチウムイオン電池のサプライヤーと認定し，20万個を発注した。それがきっかけになって，翌年BYDはまたスウェーデンのエリクソン，フィンランドのノキアのサプライヤーとなった。

2002年7月，BYDはついに香港証券取引所への上場を果たした。それは，創業以来7年5ヵ月目のことであった。

2008年，BYDは中国一の電池メーカーとなり，「Nikkei Ecology」（2014年12月号）によれば，BYDのリチウムイオン電池の世界シェアはサムスン，パナソニック，LG，ソニーに次ぐ第5位となったのである。

4 ●●● 自動車業界への参入

BYDは電池の分野で順調に業績を伸ばしていたが，王傳福はいつか電池産業の限界が来るのではないかと危機感をもって，新たな成長の源を模索していた。

2003年1月23日，BYDは香港証券取引所を通して2億6,950万元で秦川自動車の77％の株式を取得し，自動車製造へ参入することを公表した。しかし意外にも機関投資家の猛反発を引き起こした。なぜならばいくら電池の業界で成功したとしても，自動車製造に関しては門外漢であるBYDは，すでに乱立ともいえる中国の自動車産業で成功するはずがないと彼らが確信していたからである。香港株式市場では，BYDの株価は機関投資家の売り注文で暴落し，たった3日間で，26.76％も下がり，時価総額も27億香港ドルも減少した。実は，外部の投資家だけでなく，BYDの経営陣の中にもこの参入に賛成する人はほとんどいなかった。王傳福は伝統的な自動車ではなく，自社の電池を搭載する自動車の将来性を力説して投資家を納得させたのである。

それでは，なぜBYDは独自で自動車製造の子会社を設立せず，秦川自動車を買収したのであろうか。それは，中国政府の自動車産業に関する政策と関係がある。中国では，もともと自動車を製造するのはすべて国有企業であった。改革・開放後，外国メーカーは中国市場に進出するためには，いずれかの国有企業（2社まで）と合資していなければ中国政府は認めなかったのである。また，その他の中国企業が新規参入をする時，国家発展委員会の技術，資金，人材，車種，販売などを含む厳しい審査を受ける必要があった。言い換えれば，参入の敷居が極めて高いのである。王傳福は，BYDは認可を受ける見通しが全くないことをよく知っており，買収で参入することにしたのである。

一方の秦川自動車は西安にある国有の軽自動車メーカーで，ドイツ，スペインと日本から設備を導入して800ccの「Fulaier」を製造していたが，国有企業の体制による効率問題があり，経営力が低下し販売不振の問題もあった。年5万台の生産能力を持っていたが，2002年の販売実績は1万7,000台しかなかった。また，6億2,174万元の売上高に対し，純利益はわずか72万元であったため，資金繰りに苦しんでいた。このような状況の下であったため，BYDは秦川自動車を狙ったのである。

買収後，BYDのビジネスは電池，自動車，その他として構成することになった。深圳工場では電池を製造し，西安工場では既存のガソリン車を製造していた。ただ，安い車というイメージを変えるために，新しい車の開発も始めた。しかし，最初にできた「316」という車を受け入れるディーラーは一つもなかった。ショックを受けた王傳福は，ハンマーでモデル車を打ち壊して製造停止を命じた。

その後の2年間，BYDは自動車業界で注目されないような存在と見られてしまった。販売台数が減少していたのである。しかし，実際BYDは自社ブランドの車をコツコツと開発していたのである。2005年9月，「F3」という車がついに発売された。それは，「Faddy」（流行），「Faithworthy」（信頼），「Futuramic」（斬新）というコンセプトに基づいて開発された車である。三菱自動車製のエンジン（排気量1.6L）を搭載し，販売価格も同じランクの車より25％も安い（7.38～9.98万元）ので，消費者に歓迎された。結局，発売から間もなく納車待ちの状態になった。

「F3」の人気上昇に伴ってBYDの売上高は急増し，車事業の貢献度も前年度の10％から25％に拡大した。また，多様な市場に応えるために，「F3」シリーズとして，より格上の「F6」と，より格下の「F0」を売り出した。

リーマン・ショックが発生した2008年以降，中国の自動車市場の膨張から恩恵を受けて，BYDの車もよく売れているが，主力の電池事業が受けた影響は大きかったため，純利益は前年比37％も減少した。株式市場では，売り注文が殺到し，BYDの株価が下がり，持続可能かどうかに疑問を持つ投資家も増えていた。

ところが，同2008年にBYDの歴史に記録を残すべき出来事が二つあった。一つは，冒頭にも触れたように9月にアメリカの著名投資家であるウォーレン・バフェットが子会社を通じて，BYDに18億香港ドルを出資して，全発行株式の9.89％を取得したということである。これが起爆剤となり香港証券取引所でのBYD株価が急上昇し，4日間の間に，60％も上昇した。面白いのは，バフェットの出資が公表された前日，中国の証券業者からなる考察団がBYDを訪問して，投資家へ「勧めない」という結論を出したばかりであった。翌年，アメリカの「Forbes」（中文版）では王傳福を396億元の資産で中国一の億万長者と選出した。

もう一つは，12月25日に世界初の量産化の「プラグインハイブリッド車」である「F3DM」が発売された。「F3DM」は電気自動車（EV）とハイブリッド車（HV）の機能が併存し，自由に切り替えることができた。また，自社開発したリン酸鉄リチウム電池を搭載している。ニッケル水素電池や，リチウムイオン電池に比べると，リン酸鉄リチウム電池は，安全指数が高く，燃えにくく，コストも安く，家庭用電気で充電可能，充電回数4,000回，電気だけで航続距離100キロ，最高時速150キロなどの特徴がある。また，電気出力は125kWhなので，排気量3.0Lのエンジンに相当するパワーを持っている。EVで走行する時のコストはガソリン車の5分の1となるので，燃費効果が大きい。販売価格は，個人向けなら国からの助成金6万元あり，差額で8万9,800元の負担となる。

以上に述べた二つのことから，BYDの車販売はついに軌道に乗り，2008年は前年比倍増の17万台になり，2009年はさらに45万台に上り，リーマン・ショックと全く関係ないように見られる。図8-1は，BYDの車の販売台数と車事業の売上高の推移である。

5 電気バスによるブランド作り

図8-1で分かるように，BYDの車販売は2010年の50万台がピークとなり，その後低迷状態が続いている。その原因はいろいろあるが，一番の原因はやはり充電施設の不足が問題ではないかと思う。ガソリンスタンドのようにインフラを喫緊で整備しなければならず，自家用車として電気自動車の普及には確かに壁がある。また，同図からもう一つの情報を読み取れる。車の販売台数は減っているにもかかわらず，車事業の売上高は伸びているのである。それは

図 8-1　BYD の車の販売台数と車事業の売上高の推移

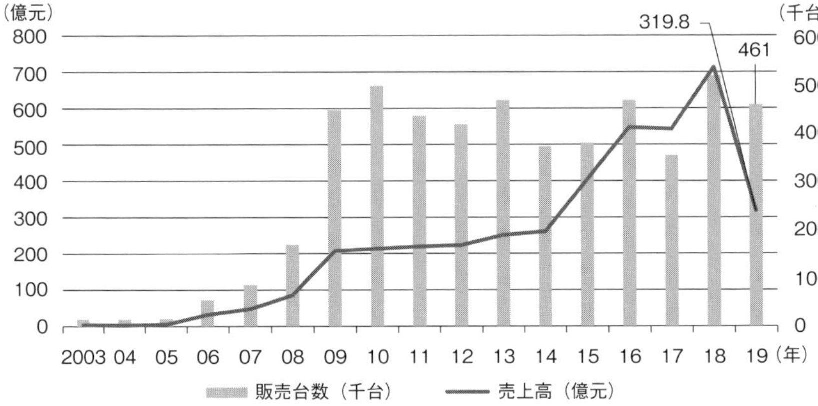

資料：BYD 各年度の「アニュアルレポート」により作成。2019 年のデータは上半期の速報値。

どんなことを意味するのか。言うまでもなく，車の単価が上がっているのだ。ただ，乗用車だけなら，激しい競争環境の下での値上げによる売上の増加は簡単にできるわけはない。ここでは, BYD のブルーオーシャン戦略が見られる。

電気自動車は二酸化炭素の排出がゼロで，クリーンエネルギーとして世界中から注目されている。中国政府も助成金を出して，電気自動車の発展をサポートしている。このような助成金制度があるからこそ，競争も激しくなる。BYD は電池分野のトップ企業として電気自動車に参入しており，相対的に競争優位性を持っている。BYD は，一般家庭向けの乗用車のみで勝負すること（B2C）はなかなか難しいので，そのため役所，法人向け（B2B）の電気バスというマーケットを開拓することにも着手した。

2010 年 9 月 30 日，BYD は「K9」という電気バスを発売しはじめた。K9 はリン酸鉄リチウム電池を搭載している。3 時間でフル充電が可能であり，約 250 キロが走行でき，電池の充電寿命は約 4,000 回である。また，ルーフにはソーラー電池があり，補助電力として使え，走行中主電池に充電することもできる。K9 は全長 12 m で，定員 49 名である。

K9 の誕生は，まず中国の地方政府に歓迎された。本社所在地の深圳市政府は初出荷の顧客となった。それが皮切りとなり，長沙，天津，大連の大都市も相次いでK9を導入して市営バスとして使われるようになった。

海外では，大株主のバフェットもいち早く行動を起こし，2011年5月の年次株主総会に株主を送迎する交通手段としてK9を使い，アメリカ市場への進出を応援している。2013年4月，カリフォルニア州ロングビーチ市はBYDに1,400万ドルで10台のK9を発注した。2ヵ月後，ロサンゼルス郡営バス会社から25台の注文も来た。そのため，BYDは同郡のランカスターに工場を建てて，現地生産を始めた。2014年5月，K9は116日にわたる測定を経て，アメリカ連邦交通局（TVM）の認定を受けたのである。

ヨーロッパでは，2012年6月，オランダのフリースラント州政府は，Schiermonnikoog国家公園の移動手段として電気バスの公開入札を行った。BYDはK9をもって応札した結果，見事に落札した。翌2013年1月，BYDは「EU完成車両認証」（WVTA認証）を受け，同年4月に6台のK9を納品した。それがきっかけになり，周辺の国々もK9に関心を持ち，あちこちでテストを行った。例えば，2013年6月，ポーランドのワルシャワ市ではK9の試運転を2ヵ月間実施し，航続距離336キロの記録を出した。2014年3月，デンマークのコペンハーゲン市で行われた測定においては，K9をフル充電し，325キロを走破したのである。

現在，K9は中国の長沙，アメリカのカリフォルニア州のランカスター，ブラジルのサンパウロ州カンピーナスのBYD工場で製造している。2014年8月までに，K9は世界59の国と地域へ輸出されたのである。

6 日本への進出

2005年，BYDは1億円の資本金でビーワイディージャパン株式会社を横浜市に設立した。主に中国から輸入した自社製蓄電システム，ソーラーパネルとIT製品の販売をする。親会社は日本ではほぼ知られていない会社なので，日本法人も数年間目立たない存在であった。ところが，2010年3月，BYDは日本の金型大手オギハラの館林工場を買収するということがマスコミに報道された後，一気に知名度が高まった。BYDは，中国で自動車業界に参入したが，自動車製造の技術とノウハウが足りないので，買収することによって自分の短所を補おうとしたのである。そして，オギハラとの間にすでに取引もあるので，オギハラの金型技術力の高さをよく知っていた。一方のオギハラは技術力があるにもかかわらず，内需の低迷で売り上げが減少し，2009年3月期の最終損益が3期連続の赤字となったため，工場を売却し借金を返済せざるを得なかったのである。BYDはこの買収でボンネットなど車体を構成する部品の質を高めようとしていた。事実，買収後この工場は，BYDジャパンの子会社として再出発し，80名の従業員を全員引き受けて，BYDのために車用の金型を製造している。

2011年3月11日の東日本大地震が発生した後，オフィスだけでなく一般家庭でも蓄電の必要性が出てきたため，ビーワイディージャパンは販売の転機を迎えたのである。現在，販売している商品は五つのカテゴリに分けている。それは，ソーラーパネル，中小型蓄電システム，無停電電源装置，リン酸鉄リチウム電池パック，モバイルパワーである。その中で，家庭用蓄電池は，電池寿命の長さ（約2,000回充電可能）と安さ（競合商品の半値以下）で人気を集めている。

これまで，BYDは欧米で積極的にエコカーを輸出してきたが，日本には輸出しなかった。しかし，2015年2月23日，京都急行は，京都駅から京都女子大学までの路線バスを電気バスで運行することを正式に開始した。導入したのはBYDのK9である。5台だけであるが，中国製の自動車が日本に上陸した歴史的記録となった。国土交通省もこの事業計画をサポートし，2014年6月から外部有識者による評価結果を踏まえ，「地域交通グリーン化事業」の対象案件として決定した。この決定を受けた京都急行は，政府から電気バスと充電設備の購入コストの半分に相当する助成金を得た。K9はバスとして運行するだけでなく，災害時，内部に蓄えている電気を非常用電源として外部に供給し，1,500kWhなら9日間使えるので，今後日本での販売が増えると予想している。

図 8-2　BYD の売上高，純利益と売上高純利益率の推移

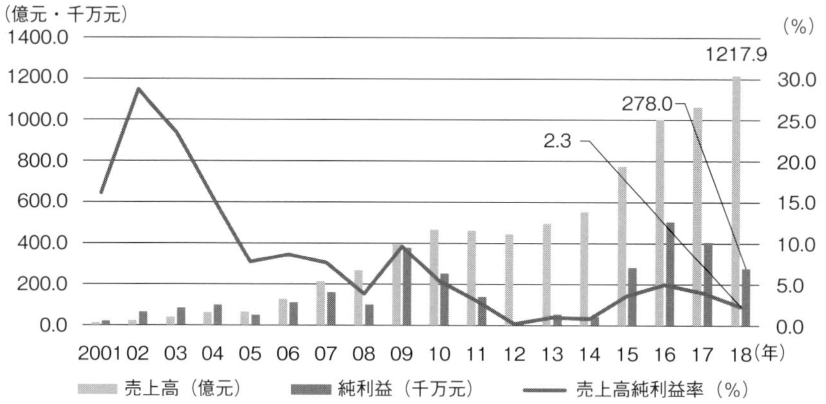

資料：BYD 各年度の「アニュアルレポート」により作成。

7 ●●● BYD の競争戦略

BYD はまだ 25 年の歴史しかないが，すでに中国において電池と電気自動車の両分野で中国一の座を得ている。また，世界一の電気自動車メーカーを目指している姿勢がはっきり見える。2018 年度の売上高も 1,217 億 9,000 万元（1 兆 8,877 億 4,500 万円）という史上最高の記録を出した（図 8-2）。

それでは，BYD の競争戦略とは一体何か。それは次の四つの面に表れている。

7-1　コストリーダーシップ

BYD のコストリーダーシップは，単なる人件費の安さだけではなく，モノ（プロダクト）とコト（プロセス）のイノベーションの結果である。例えば，先にも述べたようにニッケルカドミウム電池はニッケル材を使う。ニッケル材の価格は 1 トン 14 万元もかかりコスト高になる。そのため，BYD は 1 トン 1 万元のニッケルメッキ材を導入しようとした。しかし，ニッケルメッキ材が腐蝕しやすく，それを使うと電池の質が下がる。その後，技術者は電池溶液の化学

成分を変えてチャレンジした結果，見事に問題を解決して，コストを大幅に削減した。これはプロダクトのイノベーションであるといえる。

リチウムイオン電池を製造する時も同じである。日本のメーカーでは，自動化とクリーンルームでなければリチウムイオン電池が作れないという考えが定着していたので，生産ラインを設置するには，大きな投資が必要であった。BYDの場合，生産ラインを分解して，人間ができることはできるだけ人間にまかせ，人間ができないことを機械でやる。また，人間の作業の正確性を守るために，必要な道具を多く開発した。例えば，日本の場合，すべての作業はクリーンルームという無菌の環境の中で機械が中心となって自動的に行われ，人間を最小限に使う。これに対し，BYDでは人間が中心となって手作り作業をしている。無菌の空間は最小限に抑えるように，クリーン箱を発明した。結局，1950年代の工場を思い出させるような環境でいろいろなICTメーカーに質の良いリチウムイオン電池を供給している。これはプロセスのイノベーションにほかならないのである。

7-2　ハイテク産業の人海戦術

人海戦術は，往々にしてローテク産業を想像するが，BYDは現場の組み立て作業だけでなく，研究開発の分野にも及んでいる。例えば，競争相手が200人でやっている仕事をBYDは2,000人で行っている。BYDの従業員数を調べると，売上高に照らしてみれば，確かに多い。最多時18万人を雇用したことがある。図8-3はBYDの従業員数と売上高人件費率の推移である。これによると，2014年度BYDは19万人を雇っているが，一人当たりの売上高は29万1,000元となった。しかし，同じ深圳にあるファーウェイのデータをもって算出すると，同2014年度，16万9,000人が2,882億元の売上高を作り出し，一人当たりは170万元であった。同業者ではないので同基準で評価できないが，BYDは従業員を他社より多く雇って人海戦術を実施していることが明らかである。

図8-3　BYDの従業員数と売上高人件費率の推移

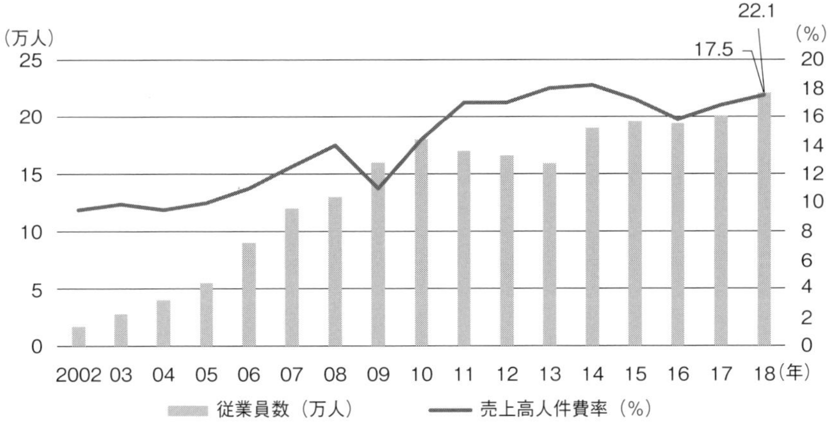

資料：BYD各年度の「アニュアルレポート」により作成。

7-3　非特許技術の活用

先にも述べたように，リチウムイオン電池は1991年にまず日本で量産化に成功した。その後，ソニー，三洋など日本企業は長年にわたって世界市場を制覇していた。ところが，21世紀に入り，韓国勢と中国勢が台頭し，日本勢のシェアを侵食してきた。警戒する日本勢は時機を見て反撃しようとした。

2002年9月23日，三洋電機のアメリカ子会社である三洋エナジーは，BYDとそのアメリカ子会社を相手取り，リチウムイオン電池の特許を侵害したとして損害賠償を求める訴訟をアメリカ連邦地方裁判所に起こした。2012年12月12日，BYDは法廷に出て，侵害しなかったと反論をした。この訴訟は泥沼状態に入り，なかなか決着できないうちに，2003年7月8日，今度はソニーが，BYDはリチウムイオン電池の特許を侵害しているとして，日本での販売差し止めなどを求めて東京地裁に提訴した。これに対し，BYDはソニーの特許が申請される前に，すでに公開されたことを証明とする証拠を手に入れたので反論に出た。この二つの訴訟の前期は，BYDに大きなダメージを与えたが，後期に入り，情勢が逆転した。結局，2005年2月16日，三洋電機はBYDに和解を申し入れ，BYDはそれに応じた。同年11月7日，日本の知的財産高等裁判所はソニーの 2646657 号特許の無効の判決を下した。これで，3年にわたる裁判はようやく決着した。この二つの裁判で BYD はいずれも負けなかったが大きな教訓を得た。その結果，日本勢と違うリン酸鉄リチウム電池の開発に力を入れたのである。

車に参入する時，BYD のやり方は外国の車をいちいち分解して研究する。特許技術ならプロジェクトチームを立ち上げて，いかに回避するかを研究する。非特許技術なら模倣する。結局，BYD の車を発売するたびに，国内外から何々車を模倣していると批判する声がたくさん出てくる。例えば，BYD の F3 の外観はトヨタの「カローラ」を模倣しているとよく批判されている。もちろん，模倣といっても，全く同じにするわけはない。トヨタから警告や提訴が来たことはない。これは不名誉なやり方ではあるが，不法行為ではない。結局，BYD は短期間で電池メーカーから自動車メーカーに変身したのである。

7-4　垂直統合

垂直統合とは，ある商品の開発，生産，販売をすべて自社で行うことである。垂直統合の元祖はヘンリー・フォードである。T 型車を製造するために，鉱山，森林から資源を集め，輸送船団で工場に運び，製鉄所，ガラス工場で素材を製造し，部品を作り，それを組み立て，出来上がった商品を鉄道で販売拠点まで運び出す。この一連の作業をすべて自社の経営資源でカバーすることは，その時代のフォードを世界一に押し上げた原動力となった。しかし，垂直統合は，相当の経営資源を必要とする。また，外部の優れた経営資源を使わないので，生産性の低下とコスト増の問題が出やすい。そのため，現在垂直統合をしている会社はめったにないのである。

ところが，BYD は車に参入してから垂直統合の道をたどっているが，筆者は二つの理由があると思う。一つは，後発者として激しい競争をしている同業から敬遠されているからである。すなわち，何百社もある中国の自動車業界は新参者を歓迎しない。特に異なる業界からの新規参入は異端児と見られ，みな警戒している。このような環境の下で BYD は他社から部品を調達することがほぼ不可能である。

もう一つの理由は，電気自動車である。BYDが車に参入した目的は，ガソリン車ではなく自社のコンピタンスを活かすことができる電気自動車を作ることである。しかし，現状ではチャレンジする会社が多くあるが，自社より優れた技術を持つ会社はまだない。そのため，BYDは自力でリードしようとしている。

言うまでもなく，現時点で垂直統合化はBYDの発展に適応するとしても，今後はどうなるかはまだ分からない現状である。実は，BYDの垂直統合について，もう一つの動きがある。それは，都市部の軌道交通システム（モノレール）である。2016年，「雲軌」（システムのブランド）と「雲巴」（車両のブランド）を発売した後，早くも甘粛省（カンチク）銀川（ギンセン）市に導入され，翌年の9月にすでに運営を始めた。今後，モノレール事業はBYDのドメインの一つになる可能性が高い。

8 BYDの課題

図8-2で分かるように，BYDの業績は2010年から低迷している。とりわけ，純利益は大幅に減っている。2012年度の売上高純利益率は0.2％に転落した。この水準になると，たとえキャッシュフローは黒字でも資金繰りに余裕があるとは思えない。他の中国発グローバル企業に比べると，BYDは明らかに低すぎである。同じ2014年度を例にすれば，BYDの0.8％に対し，吉利自動車は6.6％で，ファーウェイは9.6％で，いずれもBYDより数倍も高い。

財務面の弱さで，BYDはR&Dに十分な資金投入ができない。例えば，2014年度BYDのR&D費用は18億6,000万元で，当該年度の売上高の3.3％しか占めていない。ファーウェイの14.2％に比べると，非常に低い（図8-4）。電気自動車で世界一を狙っている以上，R&D費用をもっと投入しなければならない。2015年2月，BYDは子会社のBYD電子部品を23億元で合力泰に売却した。表から見れば，これは非コア事業を処理する合理的行動であるが，実際，財務面の弱さを急いで改善するためではないと考えられるのである。

図 8-4　R&D 費用と売上高に対する比率の推移

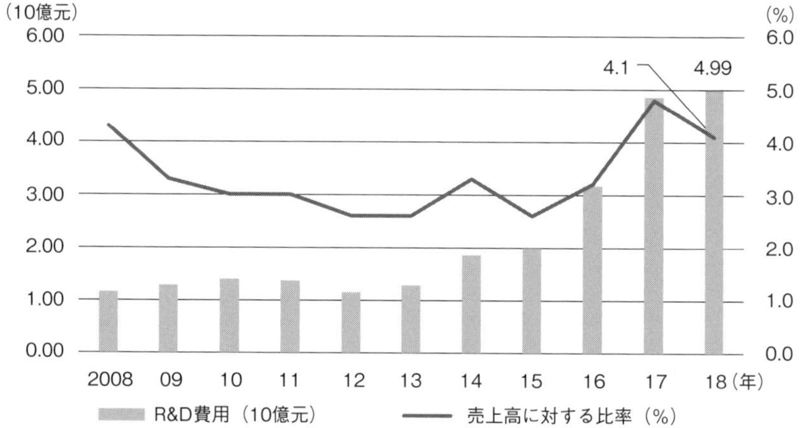

資料：BYD 各年度の「アニュアルレポート」により作成。

第9章 DJI

1 はじめに

『ランダムハウス英和大辞泉』（小学館編，1994）によれば，ドローン（drone）とは，「（無線操縦による飛行機・船などの）遠隔操作機構；（無線操縦される）無人飛行物体（ミサイル，射撃訓練用標的など）」であることが分かった。この解釈からドローンの役割がある程度察知できる。すなわち，これまで主に軍事用として使われたものである。その他，ホビーとしてのラジコンも広義のドローンといえる。

しかし，ここで述べるドローンは，軍事用でも趣味でもなく，21世紀に生まれた産業である民生用の小型無人機（マルチコプター）である。なぜ21世紀に生まれたかというのは，現在この業界のトップ10社はいずれも2005年以降設立した，またはドローン産業に参入したからである。例えば，中国のDJI（世界シェア1位）は2006年に，フランスのパロット（同4位）とアメリカの3Dロボティック（同6位）は2009年にそれぞれドローンビジネスを始めたのである。半導体製造で名高いアメリカのインテル（同2位）の参入は，さらに遅く，2015年にドイツのAse Tec社（その時，世界市場のシェアは6位）を買収してドローンビジネスをスタートしたのである。

長い間，日本におけるドローンは基本的にラジコンの世界に留まっていることが現状であった。技術の進歩に伴って，ラジコンはロボットとの関連が密接になった。1988年，高専の学生向けのロボットコンテストは森政弘東京工業大学教授の呼びかけでスタートした。この日本発ロボコンは，後に大学ロボコン，さらに世界的なイベントである「ABUロボコン」の誕生につながっているが，なかなか産業までに形成されていない。しかし，香港科技大学のある学生は，ABU ロボコンに2回も参加した。1回目はバッテリーへの充電を忘れて失敗したが，2回目は見事に3位に入賞した。これがきっかけになり，この大学生は世界のドローン産業の形成に大きな役割を果たしている。

本題に入る前に，いくつかのデータを見ておこう。

まず，2019年10月，アメリカのDrone Industry Insight（DRONEIIと略称）社はアメリカ市場におけるドローンメーカーのシェアランキングを公表した（表9-1)。この表から二つの情報が読み取れる。一つは，1位のDJIは圧倒的なシェアを持っていることである。アメリカ政府は中国のハイテク企業の台頭を抑制する政策を取っているという厳しい環境を考えれば，このようなデータは特別な意義がある。恐らく実際のシェアは調査で得た数字より高いだろうと思われる。もう一つの情報は，DJIを除いて，すべての会社はドローンのビジネスをスタートしたのは，2006年以降であった。言い換えれば，DJIは開拓者である一方，他の会社はすべて追随者となった。

そして，2020年1月，海外の市場調査会社は相次いで「2020 Top10ドローン」を公表した。例えば，Digital Camera Worldの公表には，DJIの商品が1位，3位，4位，5位，6位を占めている。T3 Smarter Livingの公表には，DJIの商品は1位，2位，4位，5位，7位を占めている。両社の調査結果はほ

表9-1　アメリカ市場におけるドローンメーカーのシェアランキング

メーカー	国・地域	参入年	シェア（%）
DJI	中国	2006	76.8
Intel	アメリカ	2015	3.7
Yuneec	香港	2010	3.1
Parrot	フランス	2009	2.2
GoPro	アメリカ	2016	1.8
3DR	アメリカ	2009	1.5
Holy Stone	台湾	2014	0.8
AUTEL	アメリカ	2014	0.5
senseFly	スイス	2009	0.3
kespry	アメリカ	2013	0.3

出典：DRONEIIの公式サイト。https://www.droneii.com/tag/manufacturer-ranking

ぼ同じである。

上述したことからDJIという会社のイメージが出てくるだろう。

2 ●●● 学生ベンチャーのスタート

汪滔（おうとう）（Wang Tao, 英文名はFrank Wang）は1980年浙江省杭州市に生まれ，まだ39歳である。父親はエンジニアであり，母親は小学校の教員であったが，二人とも改革・開放後いち早くビジネスの世界に身を投じたため，息子の教育に時間を割く余裕がなかったのである。汪滔は，成績は優秀とまで言えないし，ラジコンに没頭していたので，両親は勉強のインセンティブとして，ラジコンのヘリコプターを買ってやると息子に約束した。見たこともないラジコンのヘリコプターを手に入れるために，汪滔は猛勉強していた結果，念願が叶った。しかし，高価なヘリコプターを数回飛ばしただけで墜落させてしまった。理由はコントロールが難しかったのである。それ以来，コントロールができるヘリコプターを作るということが汪滔の夢になった。

汪滔の高校生活は杭州外国語学校で過ごし，英語を学んだ。この学歴は彼のビジネスが最初から海外へ向けて展開する一要因にもなった。

1999年，汪滔は上海にある華東師範大学に入学した。同大学は全国重点大学であるが，基本的に教員育成を目標としているので，汪滔のやりたいことと合致していない。そのため，彼はMIT，スタンフォードなど海外の有名な大学数校に入学申込書を郵送したが，受かったのが香港科技大学だけである。結局，2001年，彼は華東師範大学を退学して香港科技大学電子工学とコンピュータ学部に入学し，一回生からやり直した。2005年，彼はラジコンのヘリコプターの空中停留に関する卒業研究を行い，学部を卒業すると同時に，大学院に進級した。

2006年1月，汪滔は学部の卒業研究をベースにして試作品を完成した。彼はラジコンフォーラムというネットサイトに試作品の情報を流すと，アメリカから注文が入ったので，1万5,000元で作った試作品を5万元で売った。そこからビジネスチャンスを捕まえた汪滔は，早速行動を起こして，同級生2人と一緒に会社を登録し，また隣の町深圳でマンション一室を借りて，ヘリコプターの飛行制御システムの製造販売というビジネスを始めた。これは，香港の大学生ベンチャーの一般的なやり方である。

現在，DJIの正式の名前は，深圳市大疆創新科技有限公司（資本金3,000万元）である。中国語の大疆（Da Jiang）という言葉は「大志無疆」（志は境界のないほど大きい）という汪滔の信念から取ったもので，創新はイノベーションの意味である。だから，中国で大疆創新と呼ばれているが，海外に出ると，DJI（Da Jiang Innovation）と略称している。

2013年夏，DJIは初めて全国大学生ロボコン（RoboMaster）を主催した。マスコミの宣伝によって全国の大学ではロボット開発の熱波を引き起こした。翌年から参加した大学は急増し，また海外にも影響を及ばしている。2019年のロボコンには世界十数ヵ国と地域から174のチームが参加した。これは明らかに汪滔自身の体験から生まれた発想である。彼は，より多くの学生の創造力を開花させる場を提供したがるそうである。

DJIは設立以来15年目になりまだ上場していないが，業績を着実に伸ばしている。詳しくは次節で述べるが，ここで，いくつかのデータだけ紹介することにした。

その一，DJIの売上高（2018年度）は161億1,000万元（2,497億円）であり，「中国民営企業製造業500」には367位とランキングされている。

その二，2018年末までに，DJIの従業員は14,000人を超えた。その中，25％はR&Dに携わっている技術者である。

その三，2016年3月，汪滔は36億ドルの個人資産でアメリカのビジネス誌「Forbes」に中国大陸億万長者の31位に初めてランキングされた。また，同じ雑誌の中国版は，汪滔を個人資産373億元（5.782億円）で2018年中国富豪34位にランキングされた。

3 ●●● DJIの競争戦略

3-1　技術面の競争優位性の確立

同じ深圳にあるファーウェイ（華為技術）に比べると，DJIは社名に科技という言葉を入れている。すなわち，科学と技術を同一視している。これは汪滔の大学院までの学歴と関係があると思われる。彼は香港科技大学で理論的研究を行って重要な発見があったからこそ，新しいドローンの開発に成功したのである。だから，DJIは最初から理論的研究と技術開発を同時進行の形で行っている。その成果は特許出願数においても見られる。中国国家知識産権局の公表によると，2016年3月まで，DJIの特許出願数は686件で，そのなか汪滔独自の出願は31件，第一発明者としての出願が58件もあった。2017年は一時減少したが，2018年また増えた。また，発明のウェイトは全出願数の35.2％を占めている。図9-1はDJIの中国国内特許出願数の推移である。

図9-1　DJIの国内特許出願数の推移　（単位：件）

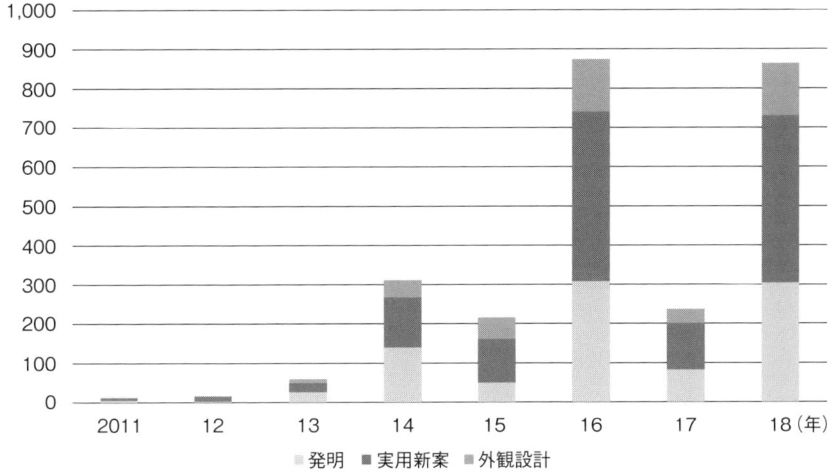

資料：中国国家知識産権局のデータにより作成。ただし，2016年以降の内訳と2018年の総件数は推定値。

このような方針の下でDJIのドローンは技術面で他社をリードしている。例えば，ドローンの空中停留と転向，障害物の回避，飛びながら撮影する時の画像ぶれの防止，写真または動画の即時転送，電池切れ前の自動復帰などは，世界的難問題であるが，DJIはいち早く解決したので，技術面の競争優位性を保っている。

2013年5月，DJIは初めて「飛べるカメラ」というコンセプトの下で開発した「Phantom」（中国語名は精霊，日本語名はファントンという）を発売したので，ドローン業界のリーダー役として世界に注目された。ハリウッドの監督，映画スター，プロのカメラマン，空撮愛好家は相次いでDJIのドアを叩きに来た。

2014年，アメリカの週刊誌「TIME」は，世界10のハイテク商品を公表した。DJIの「Phantom 2」は3位として選ばれた。

その後，3回のモデルチェンジを経て，2016年3月に発売した「Phantom 4」は，それまでない最高のレベルに達した。主な特徴は次の通りである。

① 飛べる重さ：1,380 g

② 飛べる高さ：6,000 m

③ 飛べる時間：28分

④ 気温環境：0℃～40℃

⑤ 衛星利用：GPS／GLONASS

⑥ 障害物感知範囲：0.7～15 m

⑦ 画像転送距離：5 km

また，操作簡単，垂直飛び立ち，360度転回，スタートした場所に戻り，などの機能もあり，売価は8,999元（約14万円）である。

第1節に示した海外調査会社の「2020Top10ドローン」の結果からも分かるように，DJIの商品は確かに技術的競争優位性を保っている。2018年から発売したMavicシリーズ（Mavic Air，Mavic 2, Mavic 2 Pro，Mavic Zoom, Mavic Miniなど）は，両社の調査で1位の座を守っている。とりわけ，2019年11月発売したMavic Miniは小型軽量（バッテリーとプロペラを含めて199 g），高機能（動画解像度：2720x1530，飛行時間：18分），低価格（46,200円）などの特長で個人消費者に歓迎されている。T3 Smarter Living の公式サイトにアクセスすると，ドローン（Mavis Mini）が高波の谷をサーフィンしている選手を動画撮影している写真が現れて，その迫力に感動しない人はいないだろう。これまで，サーフィン選手の活躍を遠いところで撮影しかできなかったが，Mavic Mini の登場で1メートルまでの近距離で撮影するので，選手たちの英姿をうまく撮ることができた。

3-2　海外市場への開拓

ほとんどの中国企業は国内の市場を固めてから海外に進出するが，DJI は逆であり，2008 年中国市場にドローンのコントロールシステムを売りだしたばかりであったが，翌年すぐ海外，とりわけ欧米先進国へ進出した。現在，DJI の売上高の構成は，北米，ヨーロッパ，中国を含めるアジアはそれぞれ 30 % を占め，残りの 10 % は南米とアフリカである。実際，中国市場での売上高の構成は 20 % しかない。

2012 年，DJI は初めて海外へ進出し，アメリカ，カリフォルニア州のセリトリ市とドイツのフランクフルト市でそれぞれ事務所を作った。いずれも 2，3 人からスタートしたが，現在両方とも DJI の海外法人に昇格した。前者は，販売だけでなく，2019 に海外初の組み立て工場になり，アメリカ市場向けのドローンを製造する。後者も DJI ヨーロッパ本部に昇格し，50 人以上の従業員が働いている。

2013 年，DJI は日本に上陸し，DJI ジャパンを設立したが，今 200 人を超えた従業員がおり，全国で正規販売代理店と特約販売店を 322 店舗（2019 年末まで）獲得している。その他，DJI ジャパンは，ドローンを普及するために，自治体，消防，警察，業界団体，学校向けの講習会，ドローンレースなどを精力的に開催している。すでに，防災，救援などの分野で成功例を多く作りだした。

図 9-2 には，DJI の海外市場へ開拓するプロセスである。すなわち，深圳の本社で研究開発と製造を行い，商品は国内において直営店で販売し，海外においてアメリカ，ヨーロッパ，アジアの販売会社または代理店を経由して売り出

図 9-2　DJI の海外開拓のプロセス

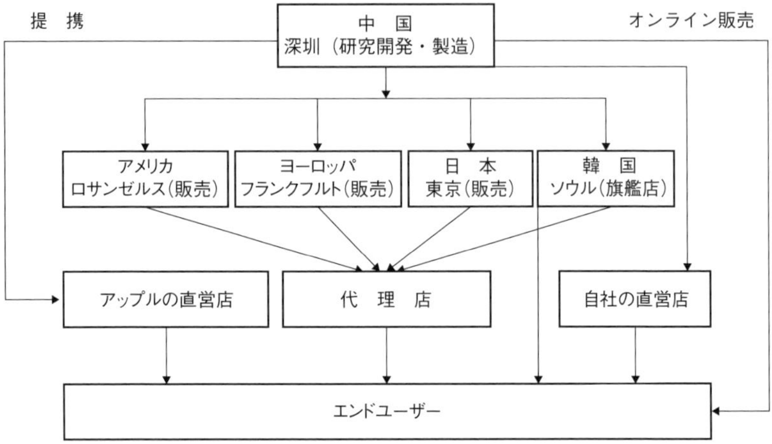

す。また，アップルと提携してアップルの直営店も DJI のドローンを販売している。アップルとの提携ができたのは，アップルのスマホを使えば，ドローンをもっと操縦しやすくなり，アップルの販売増にもつながるので，アップルはこの提携に応じたのである。それと同時に，DJI は世界向けのオンライン販売も行っている。

現在，DJI の海外展開は全世界に及んでおり，使い道も空撮から（通信線・鉄道・橋梁・トンネルの）調査・点検，測量，災害対応，警備，農薬散布，物流，などに広がっている。

3-3　DJI の資金調達と株主の構成

2006 年 11 月，DJI が設立された時，資本金は主に奨学金を含めた汪滔の自己資金であった。翌月，親戚の陸地（Lu Di）から 9 万ドルの出資を受けた。現在，陸地は DJI の副会長兼副社長を務めており，16 %の株式を持っている。45 %の株式を握る汪滔に次ぐ大株主である。2010 年，汪滔の中学校時代の親友謝嘉（Xie Jia）が DJI に加盟し，最高マーケティング責任者（CMO）に相当する仕事をしている。彼は汪滔のビジネスを応援するために，自宅まで売却して DJI に出資したので，現在の持分は 14 %である。DJI の 4 番目の大株主は香港科技大学の李澤湘教授である。彼は，汪滔の恩師で，2010年DJIに200万元を出資し，現在の持分は10％である。

2014年中頃，世界最大のベンチャーキャピタルであるセコイア・キャピタル（Sequoia Capital）はDJIに3,000万ドルを出資した。その時の企業価値は16億ドルと評価された。

2015年5月，同じアメリカのベンチャーキャピタルであるアクセル・パートナーズ（Accel Partners）はDJIに7,500万ドルを出資し，企業価値は80億ドルと高く評価されたのである。

2018年4月，DJIはまた資金が足りないので，世界中の機関投資家に出資を呼びかけた。しかも，今度競売の方式を導入したため，10億ドルの出資枠を設けていた。すなわち，10億ドルを出資したがる投資家同士はオークションをしながら，最高のオファーを出した投資家に出資してもらうという仕組みである。これは，明らかに投資家のリターンを減らす行為なので，反発する投資者もいたが，将来のことを大いに期待している投資家はオークションに参加した結果，16億1,000万ドルの資金を調達した。企業価値は100億ドルに上がった。

ところが，DJIは資金調達をしているものの，汪滔は上場についてあまり考えていない。マスコミは時々DJIの上場時期を予測して，投資家の欲を煽いでいるが，DJIのスポークスマンはいつも否定している。この様子を見ると，恐らく今後5年以内，DJIの上場はないだろうと思われる。言い換えれば，これまでに出資した機関投資者は辛抱強く我慢しなければならない。幸いにも，DJIは順調に展開しているので，上場を先に伸ばせば伸ばすほど，将来のリターンが大きくなるわけである。

3-4　DJIの売上高

2008年まで，DJIは毎年100万元から200万元の赤字であった。2009年に100万ドルの売上高を得て，黒字転換になった。2013年は，「Phantom」の快進撃で売上高が1億3,000万ドルに急増した。その次の年も3.5倍増になった。その後も倍々ゲームのように売上高を伸ばしていた。2018年は減収になった

図 9-3　DJI の売上高・純利益と純利益率の推移

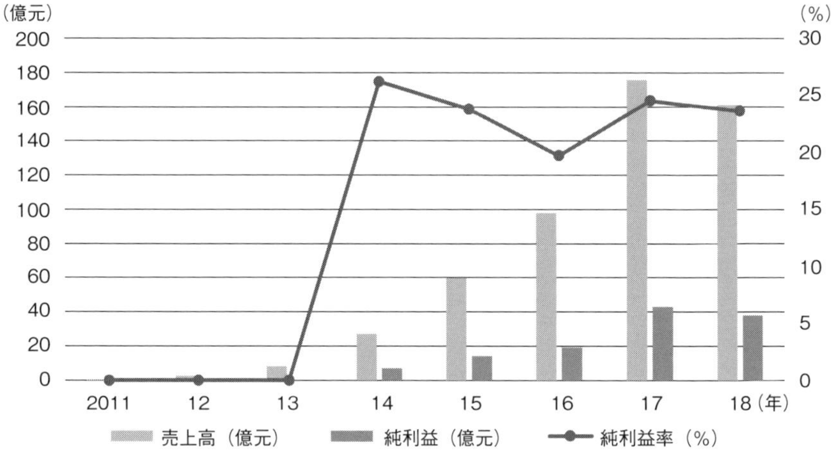

資料：DJI およびマスコミの資料により作成。

が，その原因は販売不振ではなく，内部の不正行為（従業員による横領事件）が発生し，10 億元以上の損失をもたらしたからである。図 9-3 は 2009 年以来の売上高と純利益および純利益率の推移である。これによれば，純利益率は結構高くほぼ 25 % 前後を維持していることが分かる。

4 ●●● 成功要因の分析

4-1　執念を持つ創業者

汪滔は，子供時代からラジコンに興味を持ち，自由にコントロールできるヘリコプターを作るという夢を持っていた。大学に入ってから，その夢を実現しようとする意識がますます強くなったため，敢えて華東師範大学を退学して，香港科技大学で一からやり直すという行動を取った。そして，卒業研究をドローン関連にしたことも，学生ベンチャーを起こしたことも強い意思の表れである。とりわけ，創業後 2 年連続の赤字で創業メンバーの同級生 2 人とも会社を辞めた後でも，世界にないドローンを作るという執念を持って研究を続けていた。このような執念，すなわち内発的なモチベーションはベンチャー成功の必要条件であることは言うまでもない。

4-2 技術で勝負する気概

これまで，スタート時点から他社の真似ではなく，自社の技術力で勝負する中国企業は皆無と言っても過言ではないと思う。しかし，DJIは他の中国企業と違い，最初から自前の技術で勝負しようとした。前にも述べたように，2016年3月までDJIの国内特許出願数は686件で，その他アメリカでの出願数は約80件もあった。これらの特許はDJIの技術力を示すだけでなく，ライバルの新規参入を阻止することができる。例えば，同じ中国企業である昊翔（コウショウ）国際とその子会社は，アメリカでドローンを販売した後，DJIは2016年4月に特許侵害を理由にこの2社をカリフォルニア州連邦裁判所へ提訴した。

4-3 技術者を大切にする経営理念

DJIは技術主導型ベンチャーなので，技術者の役割が言うまでもなく大きい。汪滔本人も最高技術責任者（CTO）を兼任しており，オフィスにベッドを置き，時々深夜まで仕事をしているので，技術者が何を求めているかをよく理解している。そのため，彼は技術者の採用，起用さらに重用まで自ら意思決定に加わり，一貫して技術者を大切にしている。現在，従業員1万4,000人の中，技術者は3,500人もおり，25％を占めている。

例えば，DJIは2012年から年末のボーナスとして優れた業績を作り出した従業員に車を奨励することを実施している。最初は，10万元台の「ゴルフ」10台であった。2013年は20数万元の「ベンツ」10台を，2015年はさらに高額の電気自動車「テスラ」30台をそれぞれ奨励した。これらの車の所有権は，最初の5年間会社が持つが，5年後受賞者に譲渡することになる。いうまでもなく，受賞者の中には技術者が多数を占めている。

物の奨励だけではなく，汪滔はよく公の場で技術者を大切にする発言をしている。例えば，2015年7月20日，DJIが主催した全国大学生ロボコン（Robot-Masters）での挨拶の中で，汪滔は「我々の社会には映画スター，スポーツスターが多くいますが，しっかりして仕事をする人がスターになったケースはありません。テレビを見ても，エンジニア，発明家がスターになる番組はありません。」と力説した。彼の狙いは，エンジニアと発明家をスターのようにデビューさせるということである。

5 ●●● おわりに

ドローンは新しい産業になりつつある。アメリカの市場調査会社 Teal Group は，ドローンの市場規模が現在の年40億ドル増から年140億ドル増に変わり，2025年に930億ドル（うち，軍事用は300億ドル）に急増すると予測している。この分野で中国企業は健闘している。DJI は中国企業の代表ともいえる。2015年の初め頃，アメリカの「タイム」誌は，DJI の“Phantom 2”を「2014年度トップ10商品」と選出し，「ニューヨークタイムズ」も“DJI Inspire 1”を「2014年優れたハイテク商品」を選出した。これらの評価は DJI の世界進出にとってまさに追い風である。残念ながら，日本はドローン産業の育成に遅れている。その原因は，航空法などの規制があると言われているが，中国にもいろいろな規制があるが，企業の努力で規制が緩和された。そういえば，やはり起業家精神が足りないのではないかと思う。幸いにも，政治家の動きも早く，航空法の改正で日本のドローン産業の育成を促進する環境が整備されているし，NTT 東日本，ソニー，セコム，コマツ，楽天など多くの大手企業もドローンの製造またはサービスに参入しているので，諸外国から5年以上遅れているといわれる日本のドローン産業は近いうちに大いに変わるのではないかと期待されている。マスコミは，2030年まで日本のドローン市場は2019年の5倍の1,000億円に拡大すると予想しているが，それを超える可能性が高いと筆者は思っている。

実は，日本企業にとって，もう一つの悔しさがある。なぜなら，ドローンの原型は日本で生まれたからである。2016年7月4日号の『日経ビジネス』には「本当に凄いニッポンの発明力」という特集が掲載されている。その中には，日本企業が取り逃した“大魚”の一つはドローンであるという事例が取り挙げられた。1989年，キーエンスのホビー事業部が発売した「ジャイロソーサー」は姿勢制御用のセンサーを搭載し，4 枚のプロペラで 10m まで飛ぶことができた。これはまさに DJI のドローンの原形ではないかと思われる。残念ながら，その後商品化にならなかったのである。もし，この商品の見通しを正しく理解することができていれば，キーエンスは日本だけでなく，世界を制覇するかもしれなかった。

第 2 部

中国の経済事情

第10章 中国の経済事情

1 中国のGDP

中国は発展途上国と自称している。日本では，現在中国をいわゆるブリックス（BRICS：ブラジル，ロシア，インド，中国，南アフリカの頭文字の組み合わせ）の一員として，新興国と呼んでいる。発展途上国にせよ，新興国にせよ，まだ先進国と言い切れないことが現実である。しかし，国際通貨基金（IMF）の発表（2012年4月7日）によると，2011年中国のGDP（国内総生産）は，すでに7兆2,981億ドルに達し，日本の5兆8,694億ドルを凌ぎ，アメリカに次ぐ世界2位であることが分かった。図10-1は，1986年から2018年までの中国のGDPの推移である。ただし，国連の「一人当たりのGDPランキング」(2017)を見れば，中国は8,682ドルしかなく，世界では90位であり，32位の日本の3万8,220ドルに比べると，両者の差がまだ大きい。

図10-1を見て分かるように，現在の中国経済はまさに高度成長期といえる。とりわけ，21世紀に入ってから成長が加速しており，右肩上がりの傾向がはっきり見える。世界範囲で言えば，稀な存在である。

1990年代から，先進国は相次いで不況に襲われている。例えば，日本はバブル以降の低迷状態からまだ完全に脱出したとは言えず，「失われた20年」という言葉さえマスコミで使われた。東日本大震災の後付けは今でもめどが立っていない。「三本の矢」を代表とするアベノミクスは，経済の建直しを謳っているが，中小企業と一般消費者に至るまで恩恵を受けるのはまだ時間がかかりそうである。アメリカは，2001年の「9.11」テロ事件以来，軍事費の増加が民生に負担をかけ，サブプライム問題でさらに世界的金融危機を引き起こしてし

図10-1　中国のGDPの推移

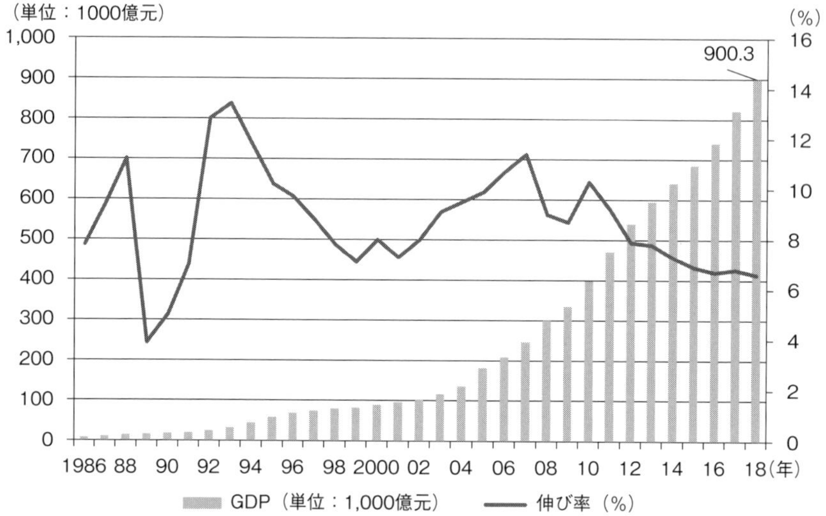

資料：中国国家統計局各年度の「統計年報」より作成。

まい，まるで世界の経済・金融センターの歴史を覆したのではないかという段階に来ている。「アメリカファースト」を謳って当選したトランプ大統領は，あちこちで摩擦を起こして自由主義の根幹を揺るがすのではないかと多くの人々が感じている。ヨーロッパはさらに深刻な問題に直面している。ギリシャ，アイスランド，ポルトガル，トルコ，スペイン…と次々に財政破綻または危機状態に陥った国が出てきてしまい，EU（欧州連合）とユーロの真価が問われている。イギリスも脱欧を巡って混乱が続いている。このような日米欧とも苦境から脱出できない状況の中で，中国経済が好調であるのが格別に目立ち，世界経済の牽引役のように見られている。

ところが，GDPの伸び率から言えば，近年減速している傾向が見られる。大別すれば，国内の経済事情と，国際の経済環境との変化が複雑に絡んでいる。国内の経済事情についてはいくつかの変化が見られる。

まず，第一に過剰投資による在庫の増加である。在庫が増える製品はいろいろな分野に及んでいるが，消費者と密接に関連するカラーテレビと生産者に深

図10-2　カラーTVと粗鋼の生産量の推移

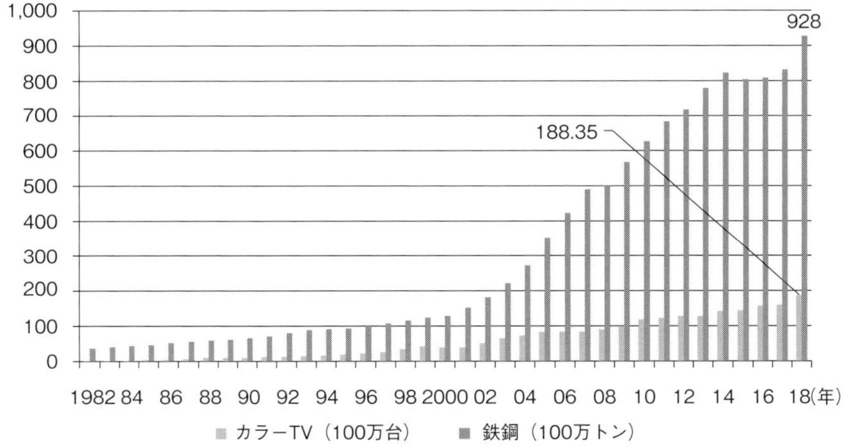

資料：中国国家統計局各年度の「統計年報」により作成。

くかかわる鉄鋼の在庫を例として説明する。2018年中国のカラーテレビの生産は1億8,835万台に達した（図10-2を参照）。しかし，9年前の2009年，100世帯あたりの中国人家庭はすでに135.65台のカラーテレビを保有しており，生産過剰は明らかである。こんな供給過剰な大量のカラーテレビの出口は，二つしかない。一つは，内需の増加であり，もう一つは，輸出の拡大である。135.65台という数字は全国平均値で，都市部家庭のみに限ったカラーテレビの保有台数はさらに高い。今後の内需増加は農村部しか期待できない。中国政府としては2008年の世界的金融危機が生じた際，「家電下郷」（家電製品を農村へ売ろう）という補助金付き奨励政策を打ち出した。言うまでもなく効果は大きかった。同じ世界的金融危機といえども，中国が受けた影響は日米欧より少なかったことは事実である。

一方，いくら頑張っても億単位のカラーテレビを国内市場で売れるわけではなく輸出に頼るしかない。しかしながら輸出は簡単にできるわけではない。まず，輸出先の相手国の景気に左右される。景気が低迷し通貨が下落した場合，市場が収縮するので輸入を減少させるわけである。また，一方的に安売りをしたら相手国にダンピング行為として規制されることもあり，自分の意志で安易に輸出を増やすことはできない。今の中国企業はまさにこのような現状に直面している。先進国への輸出は減少しているだけでなく，ダンピング訴訟が増えている。

それでは，なぜ生産を制限しないのか。このような疑問を持つ読者もいるかも知れない。企業は，多額の設備投資をした以上，生産すればするほど投資を早く回収することができるので減産を望んではいない。また，減産した場合，余剰の労働者をどうするのか。民間企業は，ある程度人員削減を実施するが，大手国有企業が多い中国では，なかなか実施できない状況にある。以上のようなことが原因で在庫が増え続けている。

それでは鉄鋼のほうはどうだろうか。鉄鋼は工業生産に欠かせない素材で，産業の食材といわれており，多くの国々は鉄鋼産業を柱産業として育成している。中国も同様である。中国国家統計局の発表によると，1978年の粗鋼生産は3,178万トンで，当時，世界のトップは日本であり，中国は4分の1の生産量しかなかった。しかし，1980年代に入り，中国の粗鋼生産は猛烈なスピードで伸び続けて，1996年はついに1億トンを突破し，1億トンを割れた日本を追い越して世界一になった。それ以来，増産の勢いは弱まらず，日本鉄鋼連盟の公表によると，2018年は9億2,904万トンに達し，世界の総生産量の51.37％を占めていることが分かった。

ところが日本の鉄鋼生産は，輸出に対しての比重が高いのに比べ，中国は低い。例えば，2018年度日本の鉄鋼輸出入実績は，輸出が3,653万トンとなり，輸入が836万トンであった。差し引き2,817万トン（鉄鋼総生産の27.0％を占める）を輸出したことになる。一方，中国の2018年輸出入実績は，輸出が6,934万トンで，輸入が1,317万トンである。差し引き5,617万トンを輸出したことになるが，鋼材総生産の6.0％しか占めていない。言い換えれば，日本の鉄鋼業は外需主導型で，中国は内需主導型である。

内需主導型のため，鉄鋼生産は中国のGDPの拡大に合わせて伸びることが望ましいが，実態はそうではなかった。図10-3で分かるように，両者は乖離している。特に2008年まで，連続7年間鉄鋼生産の伸び率はGDPの伸び率

図 10-3　鉄鋼生産の伸び率と GDP の比較

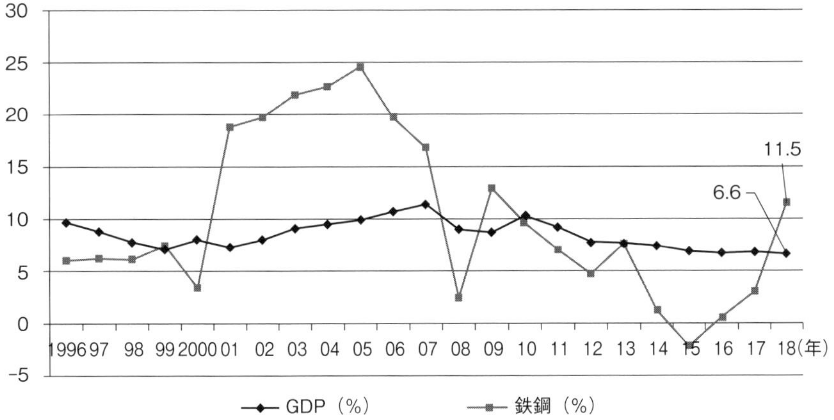

資料：中国国家統計局各年度の「統計年報」により作成。

を大幅に超えている。その結果，内需が縮小すると，鉄鋼業はまず影響を受けることになる。

第二に，原材料高によるコスト上昇である。近年，原材料高は一つの国の問題ではなく，世界的に見られる現象である。例えば，中近東の産油国の政局が混乱すると，原油の生産が減少する一方，価格が上昇する。そのため，原油を大量に輸入する中国や日本にとって，大きなコスト増になる。地球温暖化に伴って，異常気象が頻発したため，農産物の収穫量が減った結果，野菜，果物，牛乳，肉類，水産品などの価格が上がるわけである。さらに，オーストラリア，ブラジルなどの鉄鉱石生産大国は，値上げを一斉に実施したため，中国の鉄鋼メーカーにとって大きな負担になる。要するに，世界の工場といわれる中国は，世界の原材料輸入国でもあるので，原材料高によるコスト上昇の影響も大きい。

メーカーにとって，原材料高は生産コストの上昇を意味する。解決法は，出荷する商品の値上げをするか，利益を減らすという二つの選択肢しかない。利益を減らすことは，いくら財務的状況が良い会社でも一時的な行動なので，出荷する商品の値上げは避けられない。図 10-4 は，1980 年以降中国の消費者物

図 10-4　消費品物価と食料品価格の騰落

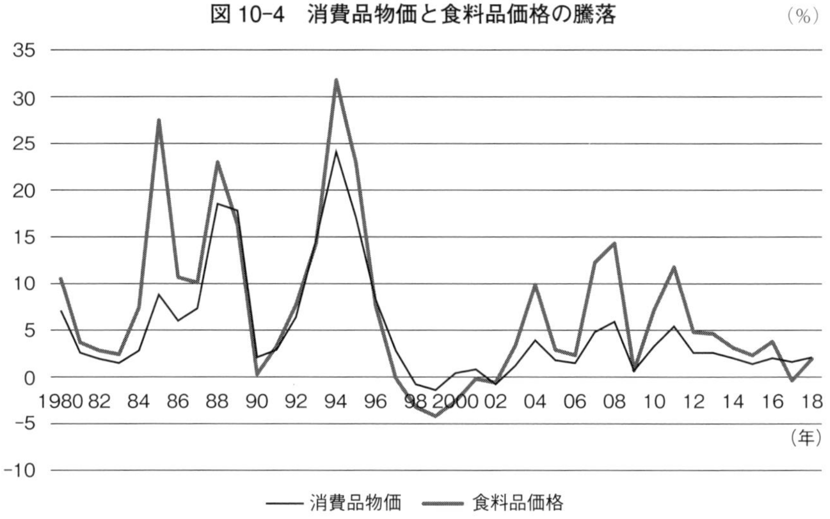

資料：中国国家統計局各年度の「統計年報」により作成。

価と食料品価格の騰落の推移である。これを見れば，中国の物価の騰落が激しいことが分かる。

第三は，不動産バブルの危機である。1990 年代の後半から，加工業，小売業，貿易などのビジネスで資金を相当貯めた会社は，より大きなビジネスチャンスを狙っていた。それと同時に，中国政府は開発を前提にして，国有土地の長期賃貸を国内業者に解禁した。その結果，不動産会社は雨後の筍のように生まれた。北京，上海などの大都市（中国では一級都市という），省都（二級都市）だけでなく，各省（自治区）に属する市（三級都市），ないし県（四級都市）まで不動産開発のブームを引き起こし，中国全土はたちまち地球上最大の工事現場に変身した。

中国では，土地はすべて国が所有している。個人でも法人でも使用権しか与えられていない。そのため，不動産会社は，まず地元政府から土地の使用権を有償で取得しなければならない。使用期限は，30 年もしくは 50 年，最も長くても 70 年である。言い換えれば，使用期限が切れたら，政府は土地を回収できる。土地の私有化はあたりまえのことだと思っている日本人から見れば，なかなか理解できないかもしれないがこれが中国の現状である。

中国の地方政府は，土地の有償賃貸を大きな財源と見なし，一方的に値上げ，あるいは競争入札を実施するので土地の賃貸料は急上昇している。不動産会社は，当然そのコスト増の部分を消費者に転嫁するわけである。このようなことが十数年も続いているので，現在どこの町にも高層ビルが山のようにたくさん建てられている。中国を訪れる外国人は言うまでもなく，海外にいる中国人も帰国するたびにその変化の早さに驚いている。

高層ビルが建ち並び，新しい商圏または生活エリアが出来上がるならまだ良いが，実際どの街にも空き家が目立っている。それは，なぜだろうか。主な原因はやはり価格である。先ほど述べたように，地方政府は土地を高く賃貸しようとするし，不動産会社もそれより高い利益を狙っているので，新築マンションの価格は信じられないスピードで上昇している。現在，北京，上海など大都市の新築マンションの価格は東京より高い状況である。

上海を例にすれば，2013年11月現在，都市部12区の新築高層マンションの平均価格は5万7,800元/m^2（その時の為替レート1元あたり16円で換算するとすれば，約92万5,000円）なので，110m^2のマンションを買うなら，635万8,000元（約1億173万円）を必要となる。これに対し，筆者はリクルートグループの住宅情報サイト「suumo」を利用して，東京都23区にあるほぼ同じ大きさの新築高層マンションの平均価格を計算した結果は，1億6,540万円である。価格そのものを単純に比べると，東京の方が高いものの，中国のマンションは土地を含まないことを考えて，6,377万円の差が土地代に充てれば，上海と東京の新築マンションの価格はほぼ同じといえる。しかし，収入面で言えば，東京の方は上海より数倍も多いので，上海の不動産価格はどれくらい高いか分かるだろう。例えば，東京の大学生就職後の初任給は，20万円前後であるが，上海の場合，6,000元前後（9万3,000円，2019年12月のレート1元を15.5円で換算，以下同）なので，2.1倍の差がある。

それでは，誰がこんな高いマンションを買うのだろうか。

上海で新築マンションを買う人は，大体三つのグループに分かれる。一つ目のグループは，同じ敷地で生活していた元住民である。開発で移転したので政府からもらった補償金プラス預貯金またはローンで新居を手に入れている。二つ目のグループは，ビジネスで成功した商人である。彼らの中には上海出身者もいれば，よその地域の出身者も多くいる。特に，中国の戸籍制度は農村から都市へ自由に戸籍を移すことを禁止されているので，長い間ビジネスで成功した非上海戸籍の金持ちは，上海に移住しても上海の戸籍を取得できなかった。ところが，不動産市場を活性化するために，上海市政府は上海で不動産を取得し，なおかつ定まった居住年数を超えたら上海の戸籍を認めるという優遇政策を打ち出したので，全国から金持ちが殺到した。これも不動産価格の高騰に拍車をかけた。三つ目のグループは，官僚（合法な収入と不法な収入かを問わず），外国関係者（外国の金持ちと結婚した人，外国にいる親戚から資金援助を受けた人，上海で老後生活を過ごしたがる華僑など），特殊人材（オリンピックなどの国際スポーツ大会のメダリスト，芸能界のスター，著名な科学者·技術者など）である。言い換えれば，普通のサラリーマンは新築マンションを自力で買うことは不可能である。例えば，同じ上海と東京の大卒初任給で60m^{2}の2LDK新築マンションを買う場合，上海で347万元（5,378万円）かかり，大卒1年目の年収7万2,000元（111万6,000円）の約48倍となる。これに対し，東京では4,390万円購入でき，大卒1年目の年収の約15倍となる。

リーマン・ショックの後，外需が結構減ったので，中国政府は4兆元（62兆円）の内需拡大政策を打ち出した。その中には，マンションを買うためのローンの条件緩和が含まれる。例えば，もともと契約時の頭金を最低2割用意することはローンを利用する前提だったが，緩和後，自己資金1割でもローンを利用することができる。これで，マンションを買う人は一気に増えた。ところが，土地の賃貸料と不動産価格も同時に急上昇し，バブルを引き起こす危機を晒されているので，2013年春，中国政府は引き締め政策を実施した。ローンを利用するために，自己資金を3割以上用意しなければならない。それにもかかわらず，すでに不動産投機に没頭している人たちは，銀行から融資を受けられないとなると，闇金融（シャドー・バンキング）に目を向けるようになった。なぜなら，資金さえあれば，入手したマンションを転売すれば必ず儲かることは，すでに公の秘密となっているからである。結局，闇金融が氾濫し，中央政府さえコントロールできない規模になった。

上海はまだ良い方である。内陸に目を向ければ，不動産バブルの危機がはっきり見られる。二，三級都市には，夜になると真っ暗な高層マンションが目立つ。売れ残りか投機のため買った物件が，転売しようとしても買う人がいなくて空き家のままになり，とにかく住む人がいない。マスコミはこのような殺風景の状況を「鬼城」（ゴーストタウン）と揶揄している。

国際経済環境の変化についても，主に二つの要因があげられる。

第一に，元高である。2001 年の WTO（World Trade Organization：世界貿易機関）加盟後，中国の対外貿易黒字が急速に拡大している。中国の貿易黒字は，外国の対中貿易の赤字を意味している。例えば 1993 年以来，アメリカと日本の対中貿易がずっと赤字が続けている。近年，日本の対中貿易赤字は減少しているが，アメリカの対中貿易赤字はさらに拡大する傾向が見られる。図 10-5 で分かるように，アメリカの対中貿易赤字は 2018 年 3,000 億ドルを超えている。日本の対中貿易赤字は，2015 年史上最高の 6,205 億円に達した。

中国の貿易黒字に加え各国の直接投資の結果，中国の外貨準備高は急増し，

図 10-5　アメリカと日本の対中貿易赤字の推移

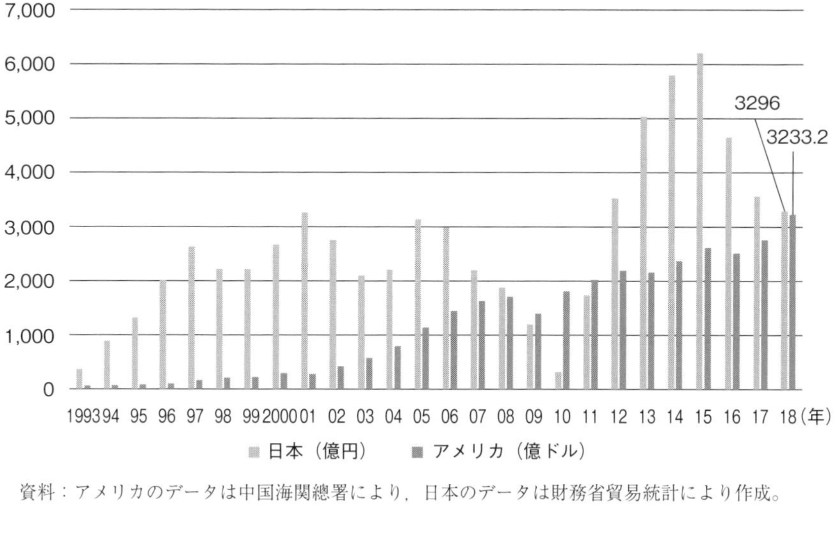

資料：アメリカのデータは中国海関總署により，日本のデータは財務省貿易統計により作成。

図 10-6　中国の外貨準備高　（単位：100億ドル）

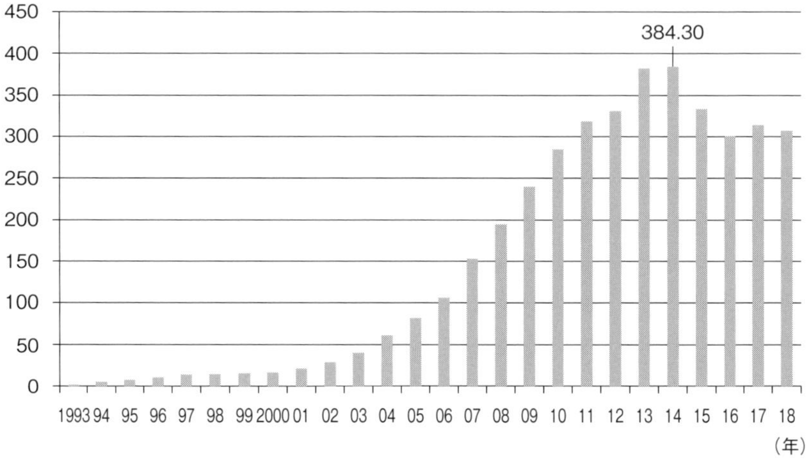

資料：中国国家統計局各年度の「統計年報」により作成。

ついに日本を超えて世界一になった（図 10-6）。

しかし，世界各国とくにアメリカをはじめとする先進国は，中国の一人勝ちの状況をずっと容認するわけはない。中国の WTO 加盟後，貿易収支不均衡の是正と元高への要望が高まり，中国政府はそれに応じざるを得なくなってきた。しかし，かつての「プラザ合意」のように，一気に円高になったことを恐れて，中国政府はコントロールできる元高を 2004 年から実施しはじめた。それにもかかわらず，この 14 年間で実に 20 % も元高になった（図 10-7）。

第二は，対外貿易摩擦である。中国の開放政策を実施して以来，外資の直接投資が増えた結果，中国は世界の工場といわれている。作った商品はすべて中国で販売するわけではないので，輸出も増えている。安い人件費と大規模な経済のメリットを武器にして，さらに学習効果による品質改善のため，中国製商品の競争力は強まっている。その結果，世界市場でのシェアはさらに拡大している。しかし，これは外国のライバル企業にとって好ましい状況ではないので，外国のそれらの企業は自国の政府に働きかけて，中国製商品を阻止しようとする動きが世界各地で見られる。中国商務部の統計によると，2003 年～

図 10-7　対ドル為替レートの推移　（単位：元）

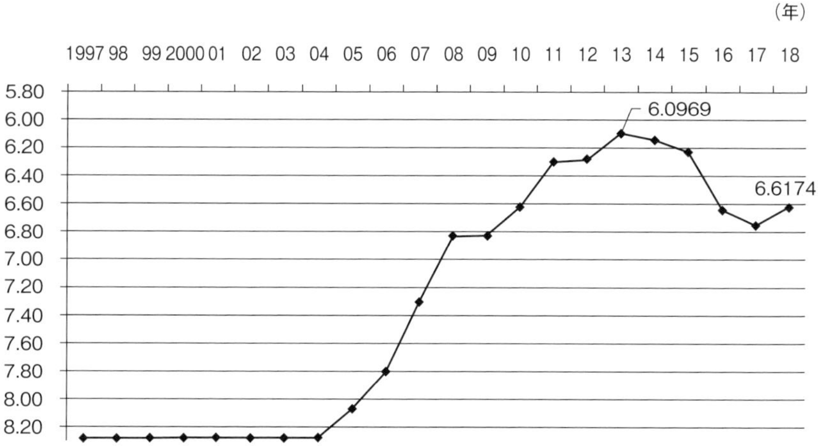

資料：中国国家統計局各年度の「統計年報」により作成。

2012年9月まで，中国が受けた外国からのダンピング提訴は758件もあり，提訴に関わる金額は684億ドルとなった。いうまでもなく，すべての提訴は正しいとは言えないが，世界に中国商品が溢れる状態になれば，どこの国も歓迎しないことは間違いない。

2 ●●● 中国の経済体制

また，図10-1で分かるように，1980年代まで中国のGDPはずっと低かった。なぜ，その後急成長になったのか。これについて，中国の特別な事情があったといえる。

1949年10月，何年間も続けていた内戦の結果，毛沢東が率いる中国共産党は，蒋介石を代表とする中国国民党政権（中華民国）を倒して，中華人民共和国（以下，中国という）を創り出した。旧ソ連の支援を受けた中国共産党は政権を取得した後，旧ソ連の計画経済を経済体制として導入した。

計画経済とは，経済の資源配分を市場の価格調整メカニズムに任せるのではなく，国家によって物財バランスに基づいて計画的に配分する体制である。分かりやすく言えば，中央政府は年度の経済発展計画を作って，各地方政府はその計画を実行するという仕組みである。表向きは，中央政府は全国の事情をよく把握しているため，作った計画が最も合理的ではないかと思われるが，実際は程遠く違う。なぜなら，一旦間違った計画を作ったら，全国的に混乱を起こすからである。とりわけ，政治闘争を優先にする中国共産党は，経済計画の作成に多くの政治的要素を取り入れているため，結局非現実の計画を作ってしまって，経済を発展させるどころか大いに阻害する危険性がある。中国の歴史上，このような大失敗は何回もあった。例えば，1950年の土地改革，1955年の人民公社，1958年の大躍進，1966年の文化大革命など，それ以外の中小の失敗はさらに多かったのである。

計画経済は，旧ソ連をはじめ，ベルリンの壁が崩壊する前の東ヨーロッパ諸国，中国，ベトナム，キューバ，北朝鮮など，いわゆる社会主義の国々で実施していたため，計画経済イコール社会主義の認識が定着している。

それに対し，経済の資源配分を市場の価格調整メカニズムに任せる経済体制は市場経済と呼ぶ。旧社会主義の国々を除いて，ほとんどの国は市場経済を実施しているため，市場経済イコール資本主義の認識も定着している。

30年にわたって計画経済を実施した結果，中国の経済は一向も繁栄していなかったことは明らかである。しかし，計画経済をやめて，市場経済を導入することは，社会主義を否定することになりかねないため，長い間中国政府は計画経済の弊害を知りながら，市場経済を導入しなかった。この短絡的な発想の桎梏から飛び出したのは，当時の指導者である鄧小平にほかならない。彼の理論は，良く「猫論」と揶揄されている。すなわち，白猫と黒猫を問わず，ネズミを捕まえれば良い猫である。彼は，社会主義という大前提の下で資本主義の手法（市場経済）を導入して経済を発展させる決断をした。さらに，社会主義的市場経済という言葉を作って，計画経済を堅持する反対意見を封じた。結果として，1978年，中国政府はついに経済改革・対外開放という新しい国策を打ち出した。

中国の経済改革は，当時9割の人口を占める農村からスタートした。これまで，中国の農村は，すべて人民公社という組織の下で，農業生産をしていた。

農民は農地を所有しないし，作った農産物も生活用の分だけ残して，残りはすべて政府へ上納する。農民は集団で作業するが，力を出す人と出さない人との間に，収入の面では何の差もないため，労働意欲の喪失と生産性の低下という悪循環をもたらした。これは，いわゆる「大鍋飯（ダーグゥオファン）」（日本で例えるなら，親方日の丸）である。だから改革はまず「大鍋飯」を打ち破って，代わりに農地を戸別に請け負う制度を導入した。農民は，事前に定まった量を国へ納付さえすれば，あまった分はすべて自分のものになるため，労働意欲が出てきて，生産性を大いに高めた。結局，生産力の解放を目指す農村の経済改革は，大成功を収めた。

農村の経済改革は，農民の生産力を高めただけでなく，農産品の加工，流通と販売を促進した。農村で消費できない農産品は，必然的に都市へ流れていくわけである。そのため，農産品の加工を主とする製造業，農産品の流通に関する運輸業，農産品の販売を中心とする卸業が生まれ，農業を離れた農民が増えてきた。また，生産性の向上に伴って，余剰労働力が出てきて，都市へ出稼ぎに行く農民も多くなり，その結果，都市の経済改革は避けて通れないことになっていた。

都市の経済改革の引き金になったもう一つの原因は，対外開放である。対外開放とは，国のドアを世界へ開放するという意味である。1978年まで，中国は基本的に鎖国の状態にあり，中国人は自由に海外へ渡航することができなかったし，中国を訪れる外国人も極めて少なかった。中国とビジネスをする日本企業は，中国政府が認定した伊藤忠，丸紅などいわゆる友好商社数社しかなかった。

ところが，対外開放の政策を実施し，とりわけ外国資本を誘致するために，香港，マカオ，台湾に近い深圳，珠海，スワトウ（汕頭），アモイ（厦門）に経済特別区を設立した。税金の免除または減免の優遇政策を実施しはじめた。結局，外国企業の中国進出を誘発した。2001年にWTO加盟を実現した後，外国企業の直接投資は，さらに拡大し中国経済の高度成長に寄与している（図10-8）。

図 10-8 金融を除く外国企業対中直接投資の推移　（単位:億ドル）

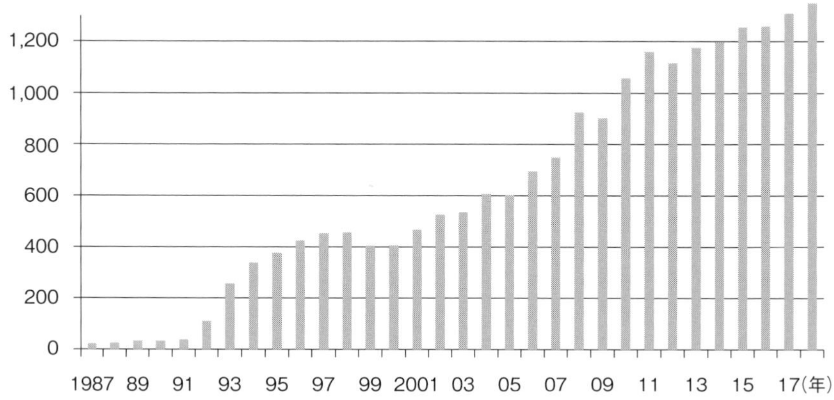

資料：中国国家統計局各年度の「統計年報」により作成。

3 ●●● 中国の産業構造

長い間，計画経済のため，中国の産業構造はほとんど固定されていた。すなわち，全人口の約 75 %は第一次産業に携わっていたので，終始農業国止まりであった。

しかし，改革・開放の政策を実施して以来，中国の産業構造は次第に変化しはじめ，第一次産業のウェイトが減る一方，第三次産業が伸びてきている。図 10-9 を見て分かるように，この 26 年間，GDP（国内総生産）に占める第二次産業のウェイトはそれほど変わっていないが，第一次産業は 24.2 %から 7 割減の 7.2 %になり，第三次産業は 27.7 %から 52.2 %に拡大した。

図 10-9　中国の産業構造の変化

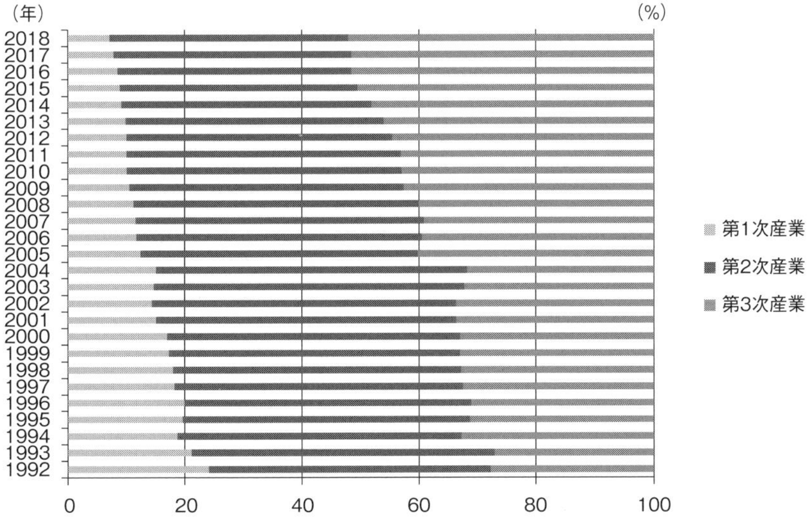

資料：中国国家統計局各年度の「統計年報」に基づいて作成。

第11章 中国の企業形態

1949年10月1日に社会主義国家，中華人民共和国（中国）が誕生した。その後，前政権が作った企業および外資系企業はすべて国有化され，国営企業と名付けられた。その他の企業については，ある程度の規模があれば元の経営体制を維持できる代わりに，人員募集，給料基準，労働組合，共産党組織などほぼすべての分野で政府の行政指導を受けなければならない。これらの企業はいわゆる公私合営企業と名付けられたが，その後国営企業か，集団所有制企業に変わったので，現在はもう存在していない。当時の中国政府は，私有制を認めないので小規模な私企業を解散させてしまっていた。個人のビジネスも厳しく制限されていた。例えば，農村では個人の開店を認めない。針，糸，マッチなど生活用品を売る行商でも人数を制限していた。都市では塩，醤油，トイレットペーパーなどの生活用品を扱う売店を認めるが，人雇いは禁止され，自宅兼店舗などの条件付きとなった。要するに，改革・開放前の中国では，国営主体の企業形態を除いたら論じる対象はほとんどなかったのである。

そのため，ここでいう中国企業は，1980年代以降のことを意味する。中国企業の分類に関しては，出資方式，投資地区，所有制，規模，経済分野などいろいろな分類方法があるが，本書では中国国家統計局の分類法を取り入れた。例えば，製造業のデータを統計する際，国有企業，集団企業，株式合作企業，株式制企業，外国および（香）港・澳（門）・台（湾）投資企業，その他の企業に分けている。次節以降は，それぞれ説明していくことにする。

1 国有企業

中国では，国有企業の正式な名称は全人民所有制工業企業である。文字から解釈すれば，全人民が所有する企業であるが，それは極めて抽象的な概念なので，誰も明確に解釈できない。結局，全人民が所有するというより，政府が所有しているのである。もっと具体的に言えば，国有企業とは政府の国有資産監督管理委員会（「国資委」と略称）が管理する企業である。その設立，運営，上場，または売却，清算などはすべて国資委が加わる。

昔は，国有企業は政府が100％所有していたが，経済体制の改革の進みに伴って，株式会社の制度を導入した後，政府が100％所有しないケースが増えている。

中国国家市場監督管理総局市場監督管理司と中国市場監督管理学会が公表した『企業年度報告（2018）』によると，2017年12月まで，中国には約2,281万9,000社の企業がある。その中には私企業が約2,091万7,000社あり，88.07％を占めている。私企業の他は，公企業であるが，すべて国有企業ではない。一部の企業は非国有の集団所有制企業である。これについては，後ほど説明する。

1990年代，国有企業というと，市場ニーズに合わない粗末な製品，在庫の山，過剰雇用，大鍋飯（親方日の丸），給料未払い，赤字，借金など悪いイメージが強かった。しかし，中国政府は国有企業の「ガン」にメスを入れて，本格的に改革した結果，状況はだいぶ変わった。競争力のある企業に資金を注入し，成長を加速させるが，改善の見込みのない企業は破綻させたり民間に売却したりして，膿を大いに出した。特に2001年のWTO加盟を実現した後，中国政府は外国企業の強豪に飲み込まれないように，国有企業同士の合併による企業集団の結成を促した。結局，世界規模のビッグ企業グループが相次いで誕生した。このような企業グループは，国有企業の中枢で，すべて中央政府は直接に管理しているので，「央企（オウキ）」と呼ばれている。2019年12月現在，このような央企は96社ある。表11-1は上位50社のリストである。

このリストからどんな情報を読み取れるのか。一つは，ほとんどの企業は「中国」という文字が付いている。中国では，中央政府関係機構，あるいは中央政府から認可を受けた組織でなければ，組織名に「中国」という文字の使用が禁止されているので，中国○○○公司は「央企」であることがすぐ分かる。

表 11-1　中央企業上位 50 社リスト

No.	社　　名	No.	社　　名
1	中国核工業集団有限公司	26	中国第一汽車集団有限公司
2	中国航天科技集団有限公司	27	東風汽車集団有限公司
3	中国航天科工集団有限公司	28	中国一重集団有限公司
4	中国航空工業集団有限公司	29	中国機械工業集団有限公司
5	中国船舶集団有限公司	30	ハルビン電気集団有限公司
6	中国兵器工業集団有限公司	31	中国東方電気集団有限公司
7	中国兵器装備集団有限公司	32	鞍鋼集団有限公司
8	中国電子科技集団有限公司	33	中国宝武集団有限公司
9	中国航空エンジン集団有限公司	34	中国アルミー集団有限公司
10	中国石油天然ガス集団有限公司	35	中国遠洋開運集団有限公司
11	中国石油化工集団有限公司	36	中国航空集団有限公司
12	中国海洋石油集団有限公司	37	中国東方航空集団有限公司
13	国家石油天然ガス管網集団有限公司	38	中国南方航空集団有限公司
14	国家電網有限公司	39	中国中化集団有限公司
15	中国南方電網有限責任公司	40	中糧集団有限公司
16	中国華能集団有限公司	41	中国五鉱集団有限公司
17	中国大唐集団有限公司	42	中国通用技術(集団)控股有限責任公司
18	中国華電集団有限公司	43	中国建築集団有限公司
19	国家電力投資集団有限公司	44	中国儲備糧管理集団有限公司
20	中国長江三峡集団公司有限公司	45	国家開発投資集団有限公司
21	国家エネルギー投資集団有限責任公司	46	招商局集団有限公司
22	中国電信集団有限公司	47	華潤(集団)有限公司
23	中国聯合網絡通信集団有限公司	48	中国旅游集団有限公司[香港中旅(集団)有限公司]
24	中国移動通信集団有限公司	49	中国商用飛行機有限責任公司
25	中国電子信息産業集団有限公司	50	中国節能環保集団有限公司

出典：国務院国有資産監督管理委員会ウェブサイトより引用（2019 年 12 月 24 日現在）。

「公司」ということばは，日本語の「会社」に相当する。もう一つは，ほとんど石油，化学，電力，通信，航空，鉄鋼，自動車，海運，軍事など独占的な事業または国の柱産業である。これらの企業は，もともと国務院（日本の内閣）に属するが，経済体制の改革に伴って，行政以外の職能を分離させて誕生したのである。そのトップもほとんど部長（大臣）または副部長（副大臣）クラスの人々なので，業界では相当の影響力を持っている。

1990 年代，国有企業は評判が悪く人気はなかったが，その後，政府は方針を転換し，人気が急上昇している。特に，業績が良い「央企」の年収は民間企業の3，4倍もあるので，就職競争率は信じられないほど高い。

昔は，国有企業といえば，100％政府（中央政府か地方政府を問わず）が所有していたが，株式会社の制度を導入した後，事情がだいぶ変わった。100％所有の他に，株式の過半数を保有する会社，いわゆる国有控股公司が増えている。また，過半数の株式を保有していないものの，筆頭株主は政府であれば，政府がその会社の経営に大きな影響を持つ国有控股会社もある。もし，単に政府が少数株主であれば，このような会社は国有参股企業と呼ぶ。

国有企業は，政府による民間企業の参入禁止または参入制限をしている競争なしの分野においては，圧倒的な強さを持っているが，民間企業の参入が認められた分野では必ずしも強いとは言えない。パソコンを例として言えば，昔は国有企業しか生産できず，民間企業の参入を認めなかったが，レノボが香港経由でパソコン市場に参入した結果，国有パソコンメーカーがバタバタ倒れ，市場から姿を消した。ソフトドリンクの業界も同じである。全国には，ソフトドリングを生産する国有企業が何百社もあったが，長い間各地の政府に保護され，いずれも中小企業のレベルに留まっている。結局，ワハハという民間企業と競争できず，破綻したり，買収されたりして再編された。

2 ••• 集団企業

「集団企業」とは集団所有制企業の略称である。「中華人民共和国城鎮集団所有制企業条例」によると「集団企業」とは，財産を従業員集団が所有し，労働によって分配する経済組織であることが分かる。

しかし，法的にはこのように定義しているが，実際，集団企業もいろいろなタイプがある。公的機関が作ったものがあれば，複数の人々から集めた金で設立したものもある。また，半官半民で作ったもの（日本式で言えば，第三セクター）もある。例えば，都市部の区以下の行政組織である街道委員会（日本の町に相当），農村部の郷・鎮（日本の村に相当）が作った企業は集団企業である。国有企業が従業員の福祉を改善するために作ったサービス企業もほとんど

図 11-1　利益から見た製造業の構成

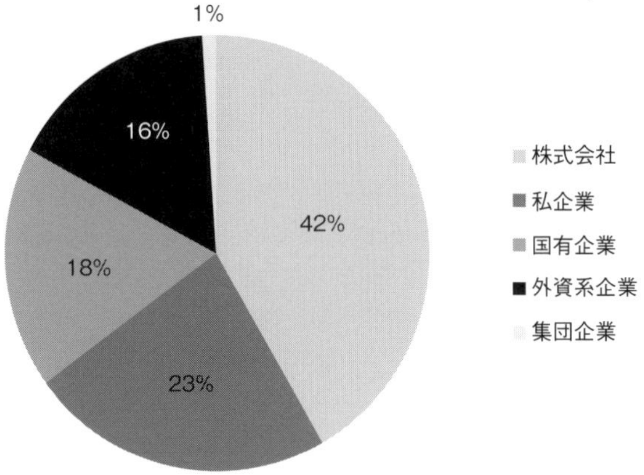

資料：中国国家統計局のデータにより作成。

集団企業である。個人が所有する企業ではないので，公企業に位置付けられている。言い換えれば，国家の予算から除外された公企業である。それにもかかわらず，長い間集団企業は経営資源が少なく，給料も安いので，大学卒業生に敬遠されていた。

経済改革の進みに伴って，集団企業は二つの方向へ変わっている。一つは，競争力のある企業は，買収と合併（M&A）または上場を通して大企業と肩並べている。例えば，ハイアールは世界一の白物メーカーになった今でも集団企業である。もう一つは，競争力の弱い企業は，経営陣の買収（MBO：Management Buyout）によって，私企業に変身した。現状のままで維持している集団企業は，経営資源の少なさに限られて，いずれも利益が出ない状態に置かれている。だから，現在集団企業の数は少なくなった。

中国国家統計局の発表によると，製造業全体の利益について集団企業はわずか1％しか占めていない（図 11-1）。

3 ●●● 株式合作企業

「株式合作企業」とは，従業員の共同出資で設立した企業であるが，外部投資者からも一部の出資を受けている。株式は，個人株と集団株から構成される。個人株は従業員個人の意思による投資で取得した株式であり，集団株は集団の共有の財産をもって投資して取得した株式である。このような企業は，取締役会を設立しなくても問題はない。取締役会があれば，董事長（トウジチョウ）（代表取締役会長）は法人代表であり，董事長が招いた総経理（社長）は日常の経営を司る。取締役会がない場合，従業員株主大会で総経理を選任し，または招くことを決める。

株式合作企業は，法律によって設立される法人であるが，「中国人民共和国会社法」にはこれについての条文はないため，株式会社になる前の過渡期だと解釈できる。

4 ●●● 株式制企業

これは，「株式会社」であり最も一般的な企業形態である。しかし，1980 年代まで中国政府は株式会社を資本主義の悪と見なして認めなかった。1993 年 12 月，ようやく最初の「会社法」を制定したため，その歴史はまだ浅い。その後，株式会社はたくさん生まれたが，健全的に発展しているとはまだ言えない。言い換えれば，株式会社の仕組み，権限と責任，利益の配分などをよく知っている経営者はまだ少ない。それどころか，ときどきインサイダーなどの不祥事が発生する。

5 ●●● 外資系企業

外資系企業は，外国企業と香港・澳門・台湾企業が大陸で 100 %の出資で設立した独資企業と，中国企業と共同出資で設立した合弁企業を含める。

「北京日報」2019年10月20日の記事によると，2018年末時点で外資系企業が96万1,000社にのぼる。その中、日系企業は約6万3,000社で，全体の6.6％を占めている。

第12章 中国企業の強みと弱み

1 中国企業の強み

1990年代までは，中国企業はいくら頑張っても日本企業に追いつくには，まだまだ時間かかるだろうと思われていた。日本企業にとっても共通の認識であった。しかし，今世紀に入り，特にWTO（World Trade Organization：世界貿易機関）に加盟後，中国政府は「走出去（ズォウツウチュ）」（打って出る）という方針（海外投資戦略）を定めた。政府は企業の海外進出を呼び掛け，なおかつサポートを行っている。その結果，たったの数年間で世界中のいたるところで中国企業の進出が見られるようになった。石油，天然ガス，鉄鉱石などの資源開発から，家電製品，ICTなどの電気製品まで，さらに高速鉄道，原発の建設，商業ロケットの発射代行などハイテクの分野を含め，日本企業のライバルになりつつある。まさに眠っていたライオンが突然目を覚まし暴れているようである。想像していることとだいぶ違うが，程度の差こそあれ脅威を感じないというのはうそであろう。

それでは中国企業は，本当に強くなったのか。強いと言われているが果たしてどのような分野が強いのか。以下それぞれ解説する。

1-1　労働力が豊富で，人件費が安い

確かに中国には人口が多く，国家統計局のデータによると，2018年末まで13億9,538万人いる。そのうち，16歳から59歳までの労働人口は8億9,729万人もいる。

そして，よく人件費が安いと言われているが，一体どれくらいの安さなの

表 12-1　中国主要都市の最低賃金水準　（月給）

2,200 元以上	上海 2,480 元	深圳 2,200 元	北京 2200 元		
2,000~2,199 元	広州 2,100 元	天津 2,050 元	無錫 2,020 元 蘇州 2,020 元	杭州 2,010 元 寧波 2,010 元	
1,800~1,999 元	済南 1,910 元	石家庄 1,900 元	瀋陽 1,810 元 大連 1,810 元	厦門 1,800 元*	
1,600~1,800 元	成都 1,780 元	鄭州 1,720 元	長沙 1,700 元	南昌 1,680 元	昆明 1,670 元 蘭州 1,620 元

資料：各地の政府機関の公表により作成。* 2020 年 1 月から実施。

か。2019 年 12 月現在の主要都市の最低賃金を表 12-1 に示した。

この表からどのような情報を読み取れるのであろうか。上海，深圳，北京は，最も賃金が高い都市で，その次は広州，天津，無錫，蘇州，杭州，寧波である。どれも沿海地域の大都市であるが，同じ沿海地域でも，南方の方が北方より賃金水準が高い。また，内陸へ行けば行くほど，賃金が安くなる。

それにもかかわらず，最も高い上海でも 2,480 元である。1 元 15.6 円のレート（2019 年 12 月現在）で換算すれば 38,700 円しかなく，確かに安い。しかし，これは最低基本給である。もし，残業手当，夜勤手当，住宅手当，福祉関連手当，特殊手当（高温・危険性ある作業）などさまざまな手当を合算すれば，実際の支給額は大体基本給の 2 倍である。言い換えれば，上海で 1 人の正社員を雇ったら，最低 4,960 元（77,400 円）を支払わなければならない。これは，日本の新入社員初任給の 40 %弱に相当する。

言うまでもなく，近年人件費は上昇している。表 12-1 にある数字はいずれも 2019 年から実施した賃金水準であるが，前年度に比べると，平均 12 %くらい上昇している。

1-2　中小企業が多く，産業クラスターが形成しやすい

第 11 章で述べたように，2017 年 12 月まで，中国には内資企業が約 2,281 万 9,000 社ある。そのうち，約 99 %は中小企業である。特に，上海周辺の揚子江デルタ地域（蘇州，無錫，常州），広州周辺の珠江デルタ地域（東莞，惠陽，中山など），および浙江省東南部地区（寧波，温州）は，伝統的に郷鎮（ゴウチン）企業（農村

集団経済組織または農民の投資を主として設立された企業の総称）が発達していた。これらの郷鎮企業は，経済体制の改革に伴って発展的に解消したが，中小企業を生む土壌を醸成した。

産業クラスターとは，特定分野の企業，研究機関などがある範囲の地域に集まり，競争しつつ協力して相乗効果を生み出す状態を指すというのが一般的解釈である。ところが，中国の場合，ある産業の発展に必要な原材料，部品，労働力，物流などが相対的に揃っている状態が多い。例えば，蘇州・無錫辺りには，電子・機械の企業がたくさん集中しているので，半導体と電子機器のクラスターが形成されている。常州は伝統的に「紡績の町」といわれ，周りには紡績・染色の企業がたくさんあるので，紡績産業のクラスターになるわけである。温州辺りは，昔から金属，板金，プラスチックの産業が発達しているので，産業構造の調整に伴って速やかに自動車部品産業のクラスターに変身した。

一方，珠江デルタ地域は，もともと産業の基盤が弱いが，香港に近いという地の利がある。1984年，中国最初の四つの経済特別区の中，三つ（深圳，珠海，スワトウ）もこの辺に設立されたので，家電・電子機器の産業クラスターとして迅速に台頭してきた。現在，この地域は世界一のICT（Information and Communication Technology：情報通信技術），パソコン，エアコン，電子レンジの製造拠点となった。例えば，世界一OEM（Original Equipment Manufacturer：相手先ブランド名製造）メーカーの鴻海（ホンハイ）精密工業，世界一のパソコンメーカーのレノボ，世界一エアコンメーカーの格力（グリー）電器，中国一のICTメーカーの華為技術（ファーウェイ）などは，いずれもこの地域で最大の工場を持っている。

1-3　大学卒業生が多く，中間層が厚い

中国の大学卒業生は，日本のそれに比べると専門性が相対的に高い。例えば，日本の場合，大学生の就職活動は職を得ることを優先にするが，中国の場合，大学生が大事にすることは専門性との合致である。すなわち，就職を決める時，自分の専門性をどのように生かすかがキーポイントとなる。近年，大学

図 12-1　中国大学卒業生の推移　（単位：万人）

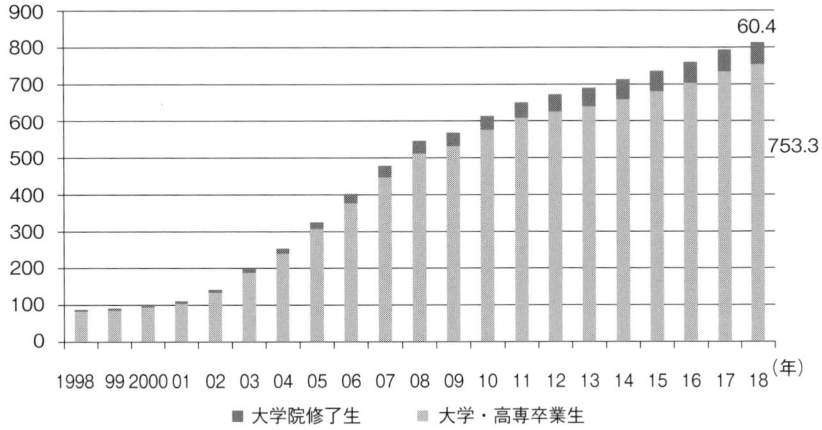

資料：中国人民共和国国家統計局のデータにより作成。

生の増加に伴って就職難の問題が目立つようになったが，専門性にこだわる大学生はまだ多いことが現状である。

大学卒業生は企業に入ったら，数年間の現場経験をした後，業務の中堅になる確率が高く，幹部候補者になる可能性も十分にある。このような人々が増えれば，中間層（ミドル）が厚くなるわけである。

それでは，中国では毎年どれくらいの大学生が社会に出るのか。図 12-1 は，その人数の推移である。

比較として，2018 年度の日本の大学（短大，高専を含む）卒業生は約 56 万 5,000 人である。中国の 753 万 3,000 人に比べると，約 11.5 倍の差もあるが，人口もそれくらいの差があるので，全人口に占める割合は日本も中国もほぼ同じである。

1-4　製造技術が強い

改革・開放前の中国は，全体として農業国であったが，その後外資の進出に伴って製造技術が急速に高まっている。かつて日本が「造船大国」，「半導体大国」，「化学繊維大国」，「鉄鋼大国」，「自動車大国」など，さまざまな名誉を世

図 12-2　日中韓新造船受注量の世界シェア

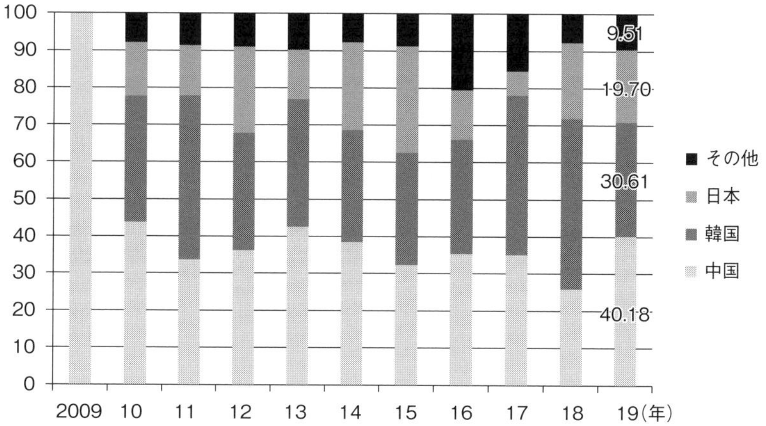

資料：日本造船工業会 2019 年 8 月 27 日に公表したデータにより作成，2019 年のデータは上半期のみ。割合は筆者が算出。

界に称賛されていたが，現在このような名称はすでにあるいは近いうちに中国に与えられるだろう。造船を例としてみれば，現在日中韓 3 カ国は世界市場の 95 %くらいを占めているが，トップの座は日本から韓国に移り，そして韓国から中国に明け渡された。2019 年，造船業の三大指標の一つである新造船受注量について，世界市場における中国のシェアは 40.18 %なので，韓国の 30.61 %と日本の 19.70% を上回っている（図 12-2 を参照）。

21 世紀に入ってからは，アップルの商品は世界的に流行っているが，その製造はほとんど台湾の OEM メーカーである鴻海工業の中国工場であることはすでに広く知られている。アップルだけでなく，中国企業はヒューレット・パッカード（HP）のプリンター，デルのパソコン，ナイキの運動靴をどの国よりも多く作っている。日本との関係から言えば，「ユニクロ」商品の 90 %以上は中国で作り，ニトリの家具とインテリ雑貨もほとんど中国製である。

図 12-3 は，中国で生産している自動車の推移である。実は，2012 年の生産台数は 1,928 万台に達し，すでに世界一になっている。比較として，日本のデータを紹介すると，日本自動車工業会の統計によるが，日本の年間（2018 年 1 月～ 12 月）生産台数は 972 万 9,594 台で，そのうち乗用車が 835 万 9,286 台，

図 12-3　中国の自動車生産台数の推移　（単位：万台）

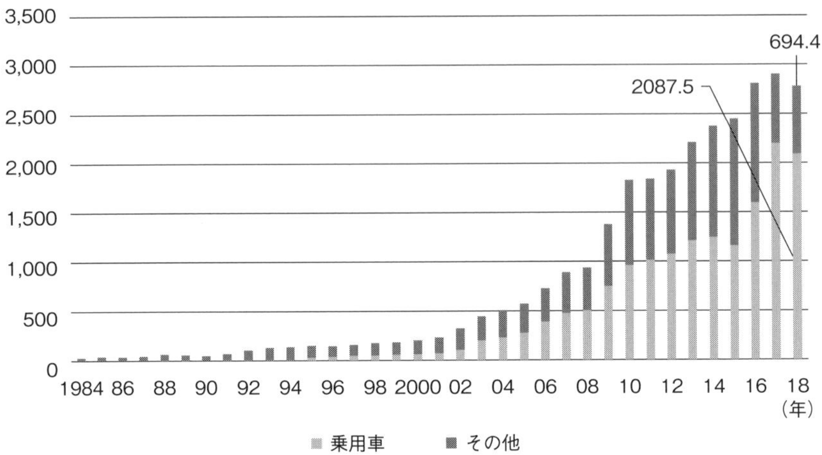

資料：中国国家統計局各年度の「統計年報」により作成。

その他が 137 万 308 台である。

1-5　規模の経済のメリットが大きい

中国は人口が多く，国内市場が大きいため，大規模な経済のメリットがよく見られる。大規模な経済のメリットとは，ある商品は損益分岐点を超えたら，売れば売るほどコストが下がり，収益が増えるということである。中国市場では，大規模な経済のメリットを生かして内外のライバルを市場から押し出した例が多くみられる。例えば，1991 年設立した格力（グリー）電器は，市場に溢れる家電製品を避けて，当時まだ贅沢品と見られた家庭用エアコンをターゲットにして，二十数年間の努力で 2012 年に家庭用エアコン 6,000 万台と業務用エアコン 550 万台を製造して，世界一のエアコン専門メーカーとなり，現在もその地位を維持している。いくら世界の強豪といっても，この規模の格力にはやはり勝てない。であるから，日本のダイキンは勝ち目がなく提携するという戦略を導入して，中国市場で成功したのである。

携帯電話の世界でも同じ例がある。かつて，モトローラ，ノキアが市場をリードしていたが，現在ではサムスンとアップルが世界市場を制覇している。

図 12-4　2019 年第 3 四半期スマホの世界市場シェア　（%）

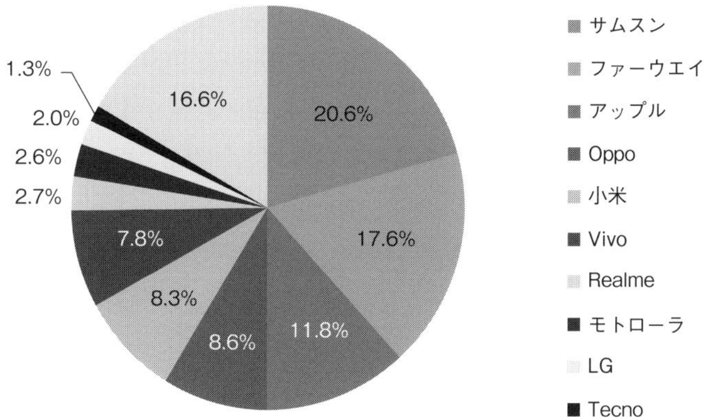

資料：Counterpoint のデータにより作成。

しかし，これからはどうなるか。中国のファーウェイと小米は，スマホへの参入が遅かったが，国内市場を抑えたら，いきなり世界市場の第 2 位と第 5 位の座を手に入れた。香港の調査会社 Counterpoint の発表（2019 年 11 月 23 日）によると，2019 年第 3 四半期スマホの世界市場シェアは図 12-4 の通りである。

また，中国国内の携帯加入数を見ても，規模の経済のメリットが見られる。言い換えれば，中国市場を制覇すれば，世界市場を制覇することにほぼ等しいといえる。

2 ••• 中国企業の弱み

2-1　優秀なブルーカラーが少ない

中国は労働力が豊富であることは先に述べたが，現場の従業員すなわちブルーカラーの質が低い。その原因は教育を受けた年数が少ないからである。中国では 9 年制義務教育を実施しているが，地域の差が大きい。例えば，北京，上海ではほぼ 100 %に達しているが，内陸へ行けば行くほど，その数字が落ちる。内陸の農村では 9 年制どころか，小学校の教育をちゃんと受けなかった人々が今でも大勢いる。ところが，中国のどの都市にも農村からの出稼ぎ労働者（農民工）が溢れている。この人たちが製造現場に立つと，必然的に故障が出やすくなる。例えば，①生産プロセスに関するマニュアルが読めない，②品質のばらつきが多い，③時給・手当に関心を持つが，品質の改善，問題の発見と解決，コストの削減などに無関心，④同じ地域の出身者が固まり，地元の人々と対立しやすい，⑤長く続けられない。以上のような問題点を上げることができる。外資系企業は，入社の基準を高く設けることによって，このような問題をある程度解決することができるが，中国企業とくに中小企業ではなかなか解決することができない。

2-2　価格競争が起きやすい

先に述べたように，中小企業が多く，産業クラスターが形成しやすいが，逆に弱みでもある。すなわち，日本のような系列もないので，独立系の中小企業同士は価格競争を引き起こしやすい。技術面にせよ，設備面にせよ，特に圧倒的な競争優位性を持たないため，受注を取るために，値下げをするしかない。結局，価格競争になってしまう。発注側にとって価格競争は，コストを削減することができるので，歓迎するわけである。しかし，値下げをして受注した企業は，利益を確保するために，往々にしてより安い原材料か部品を使用するので，品質の問題が発生しやすい。だから，何のメリットもないといえる。

2-3　優れた経営者が少ない

改革・開放の政策を実施して以来，まだ三十数年しか経っていない。言い換えれば，市場経済の歴史が浅い。そのため，失敗した企業は言うまでもなく，成功した企業にとっても，後継者育成の問題は目立つようになった。本書で取り上げた企業の中には，一代目の経営者がまだ舵を取っているケースも多い。

また，外資系は別にして，中国企業が外部からプロの経営者を雇うことはほとんどしていない。その理由は，企業理念にかかわるからである。すなわち，創業者の経営理念を受け入れなければ，いくら優秀といわれても雇わない。事実上，外部のプロ経営者の採用で大成功したケースはこれまで聞いたことはない。

企業の生存期間を見れば，優れた経営者であるかどうかを識別できる。長ければ，その企業が成功する確率は高くなり，経営者も成功者と見られる可能性が高い。2013年6月，中国国家工商総局企業登記局情報センターは「全国内資企業生存期間に関する分析報告」を公表した。これによると，生存期間5年未満の企業は全体の約半分（49.4％）を占めている。5年から10年までの生存率は32.8％で，11年から19年の生存率は14.1％で，20年以上生きている企業は全体の3.7％しかないことが分かった。筆者は，そのデータを使って，1,322万5,400社の生存期間を算出した結果，6年3ヵ月であった。

それでは，日本企業の寿命はどうであろうか。1983年，「日経ビジネス」が公表した調査結果は30年であった。そして，2003年の調査結果は31.6年，2013年11月のそれは34.9年である。言い換えれば，日本企業の平均寿命は，中国企業の5.5倍となる。両者の差がはっきり分かる。

このような原因で産業界全体には，成功した経営者がそれほど多くないので，優れた経営者がさらに少ない。

2-4　独創的技術が少ない

製造技術が強いと先に述べたが，逆に言えば，独創的技術があまりないので，他社の技術を使ってモノづくりをすることしかできない。普通の企業はいうまでもなく，ハイアール，レノボのようなリーディングカンパニーでも独創的技術が少ない。これらの会社の商品がよく売れたのは，何かのオリジナル技術を使ったのではなく，いわゆる面白いアイデアを実現しただけである。例えば，ハイアールは冷蔵庫の扉にお客様の好きな結婚写真を印刷するとか，芋も洗える洗濯機とか，またレノボの「一鍵接網」（キーを一つ押すと，インターネットにつながる），「一鍵回復」（キーを一つ押すと，動かないパソコンをリセットする）もそうである。特に新しい技術とも言えないが，実用性がある。ハイアールではこのような技術を「整合技術」と，レノボではこれらを「製品技術」と名付けた。

これについて，特許出願のデータから検証できる。特許には，発明，実用新案と意匠がある。その中，発明は最も難しく，独創的技術力の象徴である。特

図 12-5　日中年間特許出願の中にある発明出願の比率比較

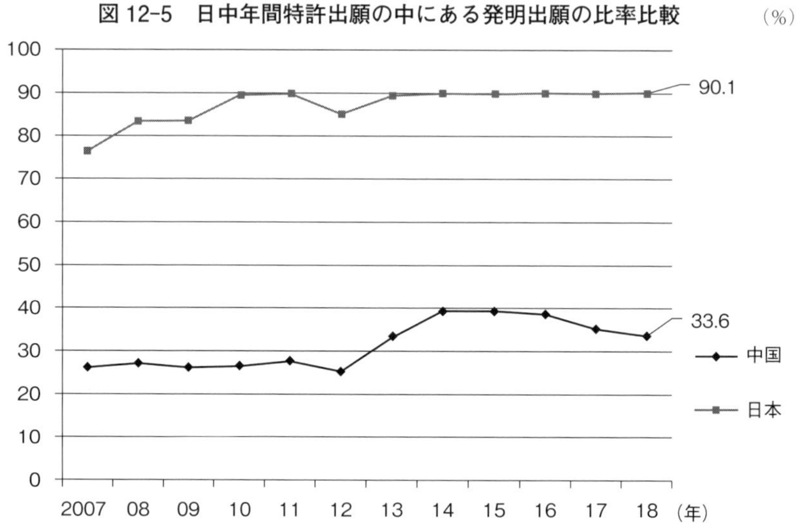

資料：中国国家知識産権局と日本の特許庁のデータにより作成。

許出願の総数について，2005 年に中国は初めて日本を超えて，両国の差がますます広がっているが，発明特許の割合から言えば，依然として日本の方が圧倒的にリードしている。図 12-5 は中国と日本の年間特許出願受理数のうち，発明の占めるパーセンテージである。このデータを見れば，中国の独創的技術はまだ少ないことが分かる。

第13章 中国企業の国際化経営

1 概説

改革・開放前，中国糧油食品進出口公司，中国紡績品進出口公司など少数の国有貿易会社とその地方支社しか国際貿易ができなかった。アフリカ，北朝鮮，カンボジアなど少数の国々への経営援助による工場・インフラ建設を除けば，本当の意味で言えば，国際化経営を展開する会社は存在しなかった。

改革・開放の初期，外国企業は中国経済がどこまで変化していくのかを分からないので，直接投資の代わりに，小規模のビジネスを試していた。主な形式は三つあった。①「来料加工」すなわち，原材料を持ち込んで，中国企業に加工してもらう。②「来様加工」すなわち，中国企業にサンプルを提供して同じものを作ってもらう。③「来件装配」すなわち，部品を運んできて，中国企業に組み立ててもらう。どの形式も，外国側は設備の導入と必要な場合の工場新設に責任を持つことに対し，中国企業は土地，工場と労働者を提供し，双方は，原価計算，利益の算出を一切せず，単に加工賃をもって取引し，いわゆる補償貿易をする。このようなビジネスのやり方は「三来一補」と名付けられた。

1980年8月，中国政府は正式に経済特別区を設立した。外資の進出と非国有企業の台頭に伴って，自然的に国境を越えるビジネスが増えたわけである。最初の四つの経済特別区（広東省の深圳，珠海，スワトウ，および福建省のアモイ）の中，深圳と珠海はそれぞれ香港と澳門に隣接しているので，両方の人的，財的，物的移動が内陸のどこよりも頻繁に行われた。これは国際化経営の雛形を宿したといえる。

「三来一補」は，中国企業と外資系企業との最初の接点となった。その後，中国の開放政策の拡大と外国企業の直接投資の増加に伴って，「三来一補」の取引が減りつつある。また，時間が経つと，中国側はこの種の取引のデメリットが分かったので，別の方法で外資を誘致するようになった。例えば，ナイキの運動靴は「三来一補」の方式で，中国側はわずか40～50ドルの加工賃しかもらえなかったが，海外での販売価格は100～120ドルなので，その差が大きい。

1990年代中頃から，国内市場での競争が一層激しくなり，価格競争で一時的に勝った中国企業もこの戦い方に限界を感じたので，新たな作戦を考えるようになった。そして，新しい市場を開拓するために，目を外に向けて動き始めた。ところが，国際化経営の経験もないし，明確な戦略も持たないため，海外進出は成功するはずもない。結局，「われさき外へ，ばたばた倒れ」となり，ほぼ全滅したといえる。中国のマスコミはこのような惨敗について国際化経営を学ぶための学費と慰めた。

表13-1は製造業主要企業の海外進出の一覧である。それによると，進出先はアメリカと新興国が中心であることが分かる。これらの企業は海外へ進出する前に，すでに中国製造業のリーディングカンパニーになったともいえる。それにもかかわらず相当苦労をした。例えば，万向はアメリカ法人を設立する時，アメリカの大学に在学中の一人の中国人留学生に頼るしかなかった。ファーウェイはロシアに進出した後，丸4年間1件の受注も取れなかった。TCLはベトナムで進出3年後ようやく黒字に達成した。

2001年12月，中国は正式にWTOに加盟した。それがきっかけとなり，中

表13-1　製造業主要企業の海外進出

会社名	進出年	進出先
万向	1993年	アメリカ
ハイアール	1996年	インドネシア
ファーウェイ	1996年	ロシア
格力	1998年	ブラジル
TCL	1999年	ベトナム

国の市場開放は一層加速し，外国企業も本格的に対中投資を始めた。それと同時に，中国政府は「走出去」（打って出る）という方針を定め，中国企業の海外進出を呼び掛けた。このような環境の下で，海外へ進出する中国企業が増えた。前回の海外進出が失敗したことを教訓にして，ほとんどの企業は進出先の市場を十分研究してから行動を起こしたのである。また，海外進出する手法も多様的である。例えば，合弁または独資による工場建設，合併と買収（M&A）である。

2 国際化経営モデル

それでは，企業はなぜ国際化経営をしなければならないのか。これについて自然資源と経営資源との二つの視点から説明する。

まず，先進国，新興国，あるいは後進国を問わずどの国にも自然資源がある。ただし，自然資源の豊富さがだいぶ違う。例えば，石油資源は中近東，南米に，シェールガスはアメリカに，天然ガスはロシアに，有色金属はアフリカに，希少金属は中国にと，それぞれ多く埋蔵されている。そのため，日本のような石油資源をほとんど持たない国は，石油産出国から石油を輸入しなければならない。代わりに，石油産出国は消費しきれない石油を輸出して国民の生活に必要な商品を他の国から輸入する必要がある。このような輸出入こそ国際貿易である。そして，国際貿易の展開に伴って，必然的に外国為替，海上輸送，貨物保険などいろいろな業務に絡んで，ビジネスの範囲を広げていくわけである。国際貿易に絡む総合商社，銀行，海運，保険会社などの会社は，なぜいち早く国際経営をスタートできたのか。その理由がここにある。

次に，業界と関係なくどの企業にも経営資源がある。ただし，すべての経営資源をバランスよく持つことはあり得ない。ある企業は人材が優れ，ある企業は商品（製品またはサービス）開発力があり，ある企業は製造技術が強く，ある企業は無借金経営をしており，ある企業は情報をたくさん保有するなどさまざまである。そのため，自社の長所を生かすと同時に，他社と協力して会社を発展させなければならない。この場合，国内の企業に限らず，外国企業と協力することも時々ある。例えばトヨタは日本一，世界でもトップの座を争う力を持つ自動車メーカーであるが，電気自動車の開発についてライバルに後れを取っているため，電気自動車の開発が進んでいるテスラというアメリカのベンチャー企業を買収しようとした。これは，いくら大手企業でも経営資源に限度があることを説明する好例ではないだろうか。

しかし，国際経営は自国市場でのシェア拡大を狙っているのか，それとも外国市場を開拓しようとするのかにより，経営戦略が異なる。その他，一国に限り国際経営をするか，複数の国々あるいは世界範囲でビジネスをするのかによって，国際化経営のレベルも違う。六つの段階に分けて説明する。

●第一段階：輸出販売

これは国際化経営の初期段階ともいえる。主に海外の自然資源と経営資源を利用して，生産コストを削減し，日本市場での競争力を強化することが中心となる。そのため，国際経営の特徴は進出国のパートナーと合弁会社を作る。あるいは，良いパートナーを見つけて，委託生産を行う。こういう場合，固定資産への投資を最小限に抑えられるため，投資額は少なくて済む。「ユニクロ」を経営しているファーストリテイリングは，典型的な例である。同社の商品は9割くらいを中国の委託先で生産してから日本に輸入するものなので，競争相手より安く販売しても高い利益率を確保することができる。その理由は固定資産への投資を最小限に抑えたからである。家具販売のニトリもそういえる。ただし，進出先の国には適当なパートナーが見つからなければ，自社工場を作るしかない。そのような時，投資額が大きくなるわけである。

●第二段階：現地生産

最初の段階，日本から商品を輸出して現地で販売するが，成果が出なければ撤退するしかないが，結果が出せたのであればゆくゆくは日本からの輸出が市場の需要に追い付かないことになるため，現地生産に踏み切ることが一般的である。言うまでもなく，現地生産に伴って投資がぐっと上がり，投下資本を回収するには，相当時間がかかるため，長期計画を立てなければならない。現地生産のもう一つの理由は，貿易摩擦を回避することである。なぜなら，輸出販売の拡大は，相手国業界の反発を招くので，その国の政府は不当廉売を理由にしてダンピング調査をしたり，法的措置を取ったりして，貿易摩擦になりかねないからである。

●第三段階：現地研究・開発

ほとんどの会社は，現地生産といえども，最初に作った商品は輸入品の代替品である。すなわち，日本市場で販売しているものと全く同じ商品を生産する。しかし，現地の市場を拡大するために，輸入品の代替品は現地の消費ニーズに対応できない時期が必ず来る。そのため，現地市場に適応する商品を研究・開発しなければならない。結局，研究・開発を行う組織（R&D：Research and Development）を立ち上げる必要がある。

●第四段階：現地本部

長年にわたって国際経営をしている会社は，現地販売，現地製造，現地の研究・開発の他に，現地製造に伴う資材・部品を調達するために調達専門の子会社を，現地販売に伴うアフター・サービスを行うためにサービス専門の子会社を，多角化戦略の実施に伴う投資子会社を，グループ企業の資金を円滑に管理するために金融子会社を設立する必要性が高くなる。その結果，その国にある自社のビジネスを統括する現地本社が立ち上がる。例えば，伊藤忠（中国）ホールディング，小松（中国）投資有限公司は伊藤忠とコマツの中国にある現地本部である。

●第五段階：地域本部

いわゆるグローバル企業（昔は多国籍企業という）は，いずれも世界各地でビジネスを展開しているため，自国の本社からいちいち指示を出すことは意思決定のスピードを遅らせる恐れがある。そのため，地域本社を作る必要性が出てくるわけである。例えば，アメリカのGEはアジアの地域本部をシンガポールに設けている。スウェーデンのイケア（IKEA）のアジア本部もシンガポールにある。日産のアジア本部は香港にある。しかし，欧米のグローバル企業に比べると，地域本部を設置する日本のグローバル企業はまだ少ない。

●第六段階：グローバル本社

地域本部が複数出来上がった後，本社のマネジメント・コントロールの水準を高めなければならない。既存の国際部または国際業務センターのような組織はもう現状に合わなくなる。言い換えれば，本社組織全体をグローバル本社に変身させる必要がある。その時，グローバル本社は登記上の法人所在地に止まるケースがあれば，ビジネスに最もふさわしい国に移るケースもある。例えば，日産のグローバル本社は創業以来の町である横浜にある。スウェーデンのイケアはグローバル本社をオランダ南ホランド州デルフトに置いている。中国のレノボは登記上の本社は香港であるが，グローバル本社はアメリカのノースカロライナ州モーリスビルと中国の北京に2ヵ所ある。

コラム　資生堂の中国進出

1981年　資生堂は北京にある友誼商店（外国人向けの国営百貨店）と高級ホテルで日本から持ってきた化粧品を販売しはじめた。（第一段階）

1991年　北京麗源社と合弁企業を設立し，百貨店に進出した。

1993年　北京工場が竣工し，現地生産を始めた。（第二段階）

1994年　現地生産した「Aupres」を販売し始めた。（第二段階）

2001年　上海で資生堂（中国）研究開発センターを設立した。（第三段階）

2003年　上海で資生堂（中国）投資有限公司を設立した。（第四段階）

この歴史的展開を見れば，資生堂の中国進出は先に述べた国際経営モデルに極めて合致することが分かった。2017年1月，資生堂は中国地域本社を上海で立ち上げたが，本社にはアジア・パシフィック地域本社という組織があるので，恐らく中国市場をアジア市場と同格に見なしているのではないかと思う。本当にこのような構造であれば，資生堂は第五段階に入ったといえる。

3 中国企業の国際化経営の現状

先に述べた国際化経営の六段階に照らしてみれば，中国企業の国際化経営は全体としてまだ現地生産，現地販売の段階にとどまっているということが分かる。ただ，いわゆる中国発グローバル企業の中には，第四段階ないし第五段階に達している企業もある。表13-2は主要企業の地域本部に関するデータである。

この表にまとめた企業は，いずれも民間企業または民営企業の中のリーディングカンパニーである。しかも，製造業ばかりである。ところが，第11章の表11-1で示したように，中国では中央政府に属する企業，いわゆる中央企業（央企）はほぼすべての柱産業を制覇しているため，国際化経営の歴史も規模も民間企業とだいぶ違う。なぜなら，中央企業は競争意識が弱く，コスト意識もあまりなく，石油，天然ガス，鉄鉱石，銅，木材，スクラップまでほしいものがあれば，コスト無視で手に入れようとするからである。これこそ，国際市場でライバルに異様な存在と見られるゆえんである。このような中央企業は資源産出国に調達専門の会社を作っているが，本当の意味の国際化経営とは思わない。

その他に，中国の浙江省，福建省，広東省などの南部沿海地域では，歴史的に海を渡って海外で生計を求める伝統がある。1990年代以降，海外にいる親

表13-2　主要企業の主な地域・グローバル本部一覧

会社名	地域本部（所在地）	グローバル本部	設立年
ファーウェイ	ヨーロッパ本部 （デュッセルドルフ*）		2001年
ハイアール	北米本部（ニューヨーク）		2002年
レノボ		ニューヨーク州パーチェス** 北京・中関村	2005年 2005年
三一重工	ヨーロッパ本部（ケルン）		2008年

＊後にロンドンに移転。＊＊後にノースカロライナ州モーリスビルに移転。

戚の支援を受けて，相次いで地元のビジネスが海外へ移転していった。これらのビジネスは靴，ライター，ペン，アパレルなどが中心となった。すなわち，あまり技術力を要さず，手作業プラス簡単な機械があれば生産できる産業である。しかし，ブランド力が全然ないため，生き残るためにブランド品を模倣することが多い。これまで各国で頻繁に摘発された偽ブランド品（中国語では山寨（サンザイ）という）は，ほとんどこのような家族型企業で作ったものである。

第14章
中国企業の対外 M&A

1 ●●● 概　説

企業の合併と買収（M&A）は，国際化経営の一部であるが，近年，中国企業の対外投資は活発化し，投資額も大幅に増加しており今世界中から注目されているので詳しく解説する。

図 14-1 は，2000 年から 2018 年まで中国対外直接投資の推移である。これによると，2004 年まで毎年数十億ドルに留まっていたことが分かる。その後，中国政府の「走出去」（打って出る）の方針に従い，企業は目を外に向けるようになった。その結果，2008 年から対外直接投資が急増しはじめたのである。

これらの対外直接投資は，海外法人の設立，工場の建設，関連会社への出資，合併と買収（M&A）などさまざまである。本章では主に中国企業の対外

図 14-1　中国対外直接投資の推移　（単位:億ドル）

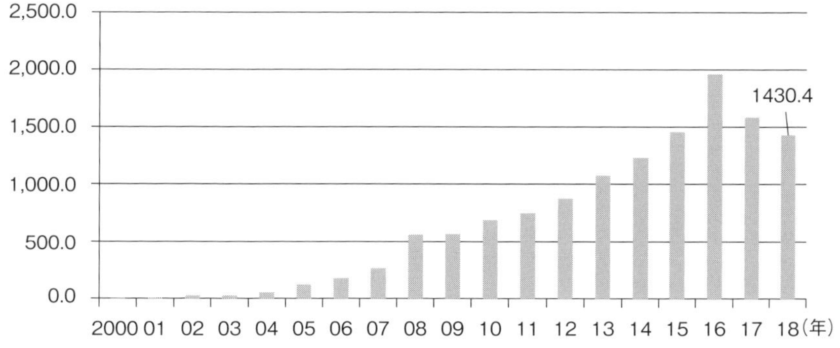

資料：中華人民共和国商務部『中国対外投資合作発展報告 2018』により作成。

M&Aについて解説する。

中国商務部が公表した「2018年度中国対外直接投資統計公報」によると，2018年中国企業の対外M&Aは433件があり，取引金額が742億3,000万ドルに上り，そのなか対外直接投資が310億9,000万ドルで，取引総額の41.9％を占めている。言い換えれば，中国企業の対外直接投資の4割以上はM&Aで行われたのである。

それにもかかわらず，国際化経営の歴史が短く，人材も欠けているため，中国企業のM&Aの成功率はまだ低い。M&Aが成功したかどうかを判断するには，時間がかかるため，明確な数字はまだ公表されていない。一般的な認識としては3割強か4割弱ではないかと思われる。

中国企業のM&Aはおおむね四つの段階に分けることができる。

●第一段階：1980年代

改革・開放の政策を実施したばかりの1980年代では，外国企業はまだ本格的に中国に進出していなかったし，輸出も低迷していたため，中国の外貨準備高が極めて少なかった。国家外国為替管理局は，外貨の収支を厳しく管理していた。その時代，民間企業は言うまでもなく，国有企業でも中央政府に直轄する会社でなければほとんど外貨を保有してはいけないため，対外投資はあり得ない話であった。

ところが，経済改革の一環として，中国政府はこれまでの経済システムと違う企業組織を試験的に数社作った。その中の1社は，中国国際信託投資公司（現中信集団，CITIC Group）である。当時の栄毅仁国家副主席は自ら会長に就任した。「中信集団」の業務範囲は，金融（銀行，証券，信託，保険，基金）と実業に及ぼし，現在「Fortune 500」の137位（2019年）にランキングされた大企業に成長した。

設立時の社名からも分かるように，この会社は国際投資をメインビジネスにしている。1986年，初めてオーストラリアのポートランドアルミニウムの株式を10％取得し，4,700万カナダドルをかけてカナダのセルバイブ社の株式を50％取得した。同年，3億5,000万香港ドルをもって，香港にある嘉華銀行の92％を取得し，中国企業の海外M&Aの先鞭をつけた。翌年，中信は19億

3,600万香港ドルでキャセイパシフィック航空の株式を12.5％取得し，3番目の大株主となった。

中信の他に，1988年中国化工輸出入総公司はアメリカ湾岸太平洋石油に50％出資した。同年，首都製鉄所は340万ドルでアメリカのマイスタ工程デザイン社の70％を取得した。

このように，1980年代海外でM&Aを行うのは，いずれも中央政府に直属する国有企業であった。それにもかかわらず，その規模はまだ小さかった。

●第二段階：1990年代～2001年のWTO加盟前

この段階でも，対外M&Aの主役は相変わらず中信をはじめとする大手国有企業である。主な案件は，中信の103億香港ドルによる香港テレコム20％の株式取得（1990年），中信による香港の老舗商社である恒昌（コウショウ）企業の買収（1992年），中国国家航空公司の2億4,600万ドルによる香港ドラゴン・エアラインの38.5％株式の取得（1996年），中国華能ホールディングスの2億1,400万ドルによるインドネシアのリッポ土地開発社の5％株式の取得（1996年）などである。

注目するのは，非国有企業の海外M&Aもこの時期からスタートした。例えば，杭州にある自動車部品メーカーの万向集団は，1998年投資のためアメリカミシガン州にあるゴルフ場を買収した。2001年6月，ハイアールはイタリアの冷蔵庫メーカーを買収し，ヨーロッパでM&Aをした最初の中国企業となった。同年10月，広東省にある美的集団は23億5,000万円で三洋電機の電子レンジの基幹部品であるマイクロ波発振器の製造技術と生産設備を買収した。

●第三段階：WTO加盟以降

2001年12月，中国は正式にWTOに加盟した。それがきっかけになり外国企業の中国市場参入は加速化した。一方，ビジネスセンスがよい中国企業もビジネスを海外へ展開する絶好なチャンスとして見ていた。

WTO加盟以降，中国企業の海外M&Aは，大まかに世界的金融危機を境にして前期と後期に分けることができる。

2002年から2008年までの前期では，政府の「走出去」（打って出る）という呼びかけもあり，M&Aを通して海外進出を果たした企業は増えていたが，試行錯誤の行動を含め，その規模はそんなに大きくなかった。数億円から数十億円規模の案件が中心となった。ただ，エネルギー関係の案件なら買収金額は桁が違った。例えば，2002年1月，上海電気集団は香港系投資会社モーニングサイトとともに，20億円で民事再生法の適用を申請するアキヤマ印刷機製造を買収した。2004年4月，TCL（TCL集団股份有限公司）は5,500万ユーロをかけてフランスのアルカテルから携帯事業を買収した。同年12月，レノボは17億5,000万ドルでアメリカIBMのパソコン事業を買収した。2006年8月サンテック・パワーによる日本のMSK（太陽電池部材メーカー）の買収金額は345億円に上がった。2007年8月，ハイアールはインドの中規模の冷蔵庫メーカーを買収し，推定金額は5,000万ドルである。

2008年に起きた金融危機は，世界経済に強い打撃を与えた。中国も例外ではなかったが，政府の4兆元（62兆円）内需拡大政策の恩恵を受けて，他国より早く危機から脱出できた。「家電下郷」（家電製品を農村へ売ろう）の追い風を受けて，製造業は速やかに在庫を処分して危機を乗り越えた。そして，まだ金融危機に喘いでいる先進国市場をM&Aの絶好のチャンスとして攻め始めた。図14-1から分かるように，2008年以降中国企業の海外M&Aは件数も急増し，内容（質）も良くなっており，大型買収は相次いで行われた。

例えば，2010年3月，吉利（キツリ）自動車は18億ドルでフォードからボルボの自動車事業の100％権益を取得した。

同年5月，中化集団は30億7,000万ドルをかけてノルウェー国家石油が所有するブラジル海上ペレグリノ油田40％の権益を取得した。

2011年10月，ハイアールは約100億円でパナソニックから三洋電機の白物家電を買収した。

2012年，三一重工は26億5,400万元（530億8,000万円）を投じて，コンクリートポンプ車の世界大手であるドイツのプツマイスターの90％の株式を手に入れた。

また，後期中国企業の海外M&Aの特徴として，中央企業は資源，素材を狙っていたのに対し，非国有企業は生産技術の獲得が中心となった。

それでは，なぜ中国企業は海外でのM&Aを加速したのか。これについて，いくつかの理由を挙げられる。

まず，WTO加盟後，外資系企業の殺到に伴って中国市場での競争は激しくなった。技術力とブランド力が強い外資系企業に負けて市場から姿を消した中国企業はたくさんあれば，コスト力と販売力を活かして外資系企業と共存している企業もある。さらに，レノボ，ファーウェイのように，外資系企業に勝った企業も少なくない。これらの企業は，海外で外国企業と勝負する勇気が出てきたわけである。

そして，政府のサポートである。中国政府は「打って出る」と企業に呼びかけたが，実際口だけではなく，いろいろな面でサポートしている。例えば，政府要人が外国を訪問する際，必ず多くの企業トップを同行させたり，現地の中国企業を視察したりしている。タイミングが良ければ，中国企業と訪問国にある企業の提携調印式に出席する。これらの行動は，直接に中国企業に売上増をもたらすわけではないが，宣伝効果が絶大で，企業のイメージアップに貢献した。

また，レノボによるIBMパソコン事業買収は，数年間の低迷期を経てついに成長期に入り，成功のケースとして証明されたため，他の中国企業に自信をもたらした。為替準備高の増加と元高も中国企業の海外M&Aの追い風となった。第10章の図10-7と図10-8から分かるように，現在中国の外貨準備高は世界一になり，対外直接投資の余裕がある。また，ここ10年間，元対ドルの為替レートは約20％も上昇したため，海外M&Aのコストは安くなった。それにもかかわらず，経験が乏しく人材が足りない中国企業にとって，海外M&Aには落とし穴が多すぎて，なかなか防ぐことができず多くの苦汁を飲まされてきた。中国のマスコミは「学費を支払う」と主張するが，長い目で見れば，そういう考え方もできるのではないかと思われる。

2 対外M&Aの事例

次に，これまで世界的に注目された四つのケースをもって，中国企業の海外

M&Aの失敗例と成功例を解説する。

●事例1：TCLによるトムソンTV事業の買収

TCLは，中国広東省恵州市を本拠地にする電気機器メーカーである。1981年に設立された時，カセットテープの生産からスタートしたが，後にOEM方式で製品のラインアップを目指していた。1984年にテレビ市場に参入して以来，着実にシェアを拡大してきた。2003年，TCLはすでに中国のテレビ市場でライバルとトップの座を争う有力メーカーになったが，独自の技術力が弱く，新製品の開発が遅れているため次の一手を模索していた。

一方，トムソンはパリを本拠地にするフランスの電気機器メーカーで，そのルーツは1880年に遡ることができる。ヨーロッパでは「Thomson」ブランドのテレビを，アメリカではRCAおよびGEブランドのテレビとして製造し販売しているが，2002年と2003年に2年連続で赤字を出していた。そのため，2003年11月，トムソン社はそのテレビ事業を切り離そうとTCLに話を持ちかけた。TCLにとって，まさに渡りに船であり話はすぐにまとまった。

2004年1月，両社は正式に合弁会社（TTE：TCL－トムソン電子有限公司）の設立契約を結んだ。契約により，トムソンは，フランス，メキシコ，ポーランド，タイにあるテレビ工場，DVD事業，およびテレビ・DVDの研究開発センターの資産を1億5,510万ユーロの価値として，TCLは中国，ベトナムおよびドイツにあるテレビ，DVD生産工場，研究開発センターと販売ネットワークの資産を3億1,490万ユーロの価値として，TTE（のちにTCLM：TCL多媒体科技控股有限公司に社名変更）に投入した。TCLとトムソンは，それぞれ3分の2と3分の1の株式を持った。これによると，両社は事業統合を目指しているのではないと見られるが，そのわずか半年後トムソンは，その持分をTCLMに売却したため，事実上の買収である。

それでは，TCLがトムソンのテレビ事業を買収する狙いは何だろう。一つは，ブランド力である。TCLは中国市場でトップになっても海外市場では無名の存在なので，トムソンのブランドをもって世界で勝負しようとした。もう一つは，技術力である。当時，トムソンはテレビ関連の特許を約3万4,000件保有し，特許をほとんど保有しないTCLにとって大きな魅力となった。なぜなら，TCLは海外市場で勝負しようとしても，特許侵害で訴えられるリスクが高かったからである。また，合弁企業のTTEは1,800万台の生産能力を持つ世界一のテレビメーカーとなり，その双方の強みを生かせば，シナジー効果は十分期待できるとTCLの経営陣はそう思っていた。

ところが，蓋を開けてみると，いろいろな問題は浮かび上がってきた。例えば，買収後余った人員を削減することは世界共通の経営手法であるが，フランスではそう簡単にできなかった。また，技術力があるといえども，実際時代遅れのブラウン管テレビ（CRT）が中心で，すでに流行り始めた液晶テレビ，デジタルテレビの開発にあまり役には立たなかった。結局，販売の不振と赤字は余儀なくされた。そればかりでなく，TCLも連結決算で2年連続の赤字になった。

2006年10月，TCLはヨーロッパ事業を再編して，困難を乗り越えようとしたが，なかなか効果が見られず，翌年ついにTCLMの破産処理をした。この間の損益は35億元（700億円）に達した。ところが，2010年，TCLは同破産処理の管財人に顧客の不当取得と移転などを理由に提訴された。しかも，2011年3月と5月，フランスの商業裁判所は相次いでTCLの敗訴の判決を下し，合わせて5,710万ユーロ（1ユーロ135円で換算すれば，約77億円）の賠償を命じた。

●事例2：上海汽車による雙龍自動車の買収

韓国には，雙龍（ソウリュウ）という準大手自動車メーカーがある。ルーツは1954年に設立された河東煥（カトウカン）自動車製作所であるが，同業他社の買収で事業を拡大してきた。順調にビジネスを展開し，その将来性を買われ1986年雙龍グループに買収され現社名に変更された。その後，モデルチェンジと新車の開発で攻める戦略を実施したが，過剰投資と内紛のため，経営がおかしくなり，2004年の決算は31億5,900万ドルの売上高に対し，1,100万ドルの利益しか得られなかった。債権を持つメインバンクは，損失を避けるために，ついに株式の売却を決めた。

一方，上海汽車グループは中国一の国有自動車メーカーである。開放・改革前，上海汽車は，「上海」ブランドの商用乗用車を生産していたが，生産の規模が小さく，技術も遅れていた。しかし，開放・改革後，上海汽車はいち早くドイツのフォルクスワーゲンとアメリカのGMと合弁企業を作って，「サンタナ」，「ビュック」などの車を市場に売り出して，中国一の乗用車メーカーに変身した。

2003年頃，中国政府の「打って出る」という方針に従い，上海汽車は海外へ進出しようとするところ，雙龍自動車のことを知り，動き始めた。事前の調査により，上海汽車は雙龍のSUV（Sport Utility Vehicle）車に関心を持ち，自社の製品ラインを充実することができるという結論を得たので，買収に乗り出した。2004年10月，上海汽車は5億ドルの出資で雙龍自動車の48.92％の株式を取得し，3ヵ月後の追加出資で持分を51.33％に増やし，経営の主導権を握った。中国自動車業界にとって，これは初めての国際買収なので，上海汽車だけでなく，政府も国民も大いに期待していたといえる。

一方，韓国側にとって，これまで対中投資の話ばかりであったが，いきなり名前さえ聞いたことのない中国企業に買収されてしまったので，心理的にアンバランスが生じた。買収後，上海汽車から経営チームが派遣されたが，雙龍自動車のミドルと従業員は強い抵抗感をもっており，仕事がうまくいかなかった。その結果，2005年は赤字転落，2006年はさらに赤字拡大となった。上海汽車は新たに資金を投入して販売にも力を入れ，2007年ようやく赤字を脱出したが，利益はほとんどなかった。その後，多少の転機が見えるようになった矢先，世界的金融危機が突発したため，雙龍は再び危険の状態に陥った。

上海汽車は，アメリカ政府によるGM救済のように，雙龍の救済を韓国政府に期待していたが，それも期待外れだった。一方，野党のバックで勢いを強めた雙龍自動車の労働組合は，従業員の地位保全などを求めて無期限ストライキに突入し，数ヵ月後警察の機動隊に強制排除される事態に進展した。

このような混乱を見て，上海汽車はついに撤退を決め，2010年11月，持ち株をすべて手放した。この買収は前後6年間にわたり，上海汽車に合わせて42億元（840億円）の特別損失をもたらした。中国のマスコミは買収当時の絶賛から一転して「42億元で国際買収の教訓を買う」と皮肉った。

●事例3：レノボによるIBMパソコン事業の買収

2004年12月8日，レノボはIBMのパソコン事業を17億5,000万ドルで買収したと記者会見で発表し，世界へ大きな衝撃を与えた。なぜかというと，IBMは1911年に誕生した世界のIT（情報技術）巨人であり，英語のパソコン（personal computer）という言葉の産みの親でもあり，世界のパソコン産業の歴史と深く関わっている会社だからである。一方，レノボは1984年に研究所発ベンチャーとして生まれ，まだ20年の歴史しかなく，中国のパソコン市場では1997年から1位のシェアを持っているが，国際経営を展開していないので，海外では全く知られていないほどの存在である。その時の年商から言えば，レノボは30億ドルしかなかったので，年商90億ドルのIBMパソコン事業を買収することは，マスコミに「蛇は象を飲み込む」かのように報道された。

確かに，外部の人間は言うまでもなく，レノボの経営陣でさえ，ほとんどこの買収は身の丈に合わないと反対した。しかし，楊元慶（ヨウゲンケイ）事業部長（現会長兼最高経営責任者（CEO））クラスの若手幹部はどうしてもチャレンジしたがるため，社長の柳傳志（リュウデンシ）も自信がなく，アメリカのコンサルタント会社のゴールドマン・サックスとマッキンゼーに買収価値の有無を秘密で依頼した。この著名なコンサルタント会社2社から出された報告書を読んで，なおかつアメリカのファンド会社に出資の打診をして，明確な返答を得た柳社長は，ついに買収の決定を下した。これで，レノボは8.2％のシェアをもって世界3位のパソコンメーカーにいきなり躍進した。

しかし，買収後，レノボはすぐ国際化経営の崖淵に直面した。IBMのパソコン事業は，全世界で66の子会社を持っていたが，これらの子会社は買収に伴ってレノボの子会社になったわけである。国際経営の経験がないレノボにとって，いかにしてこれらの子会社を運営するかは，喫緊の課題となった。言い換えれば，これらの子会社が利益を生まなければ，買収の失敗は免れない。

言うまでもなく，レノボには国際経営ができる人材はいなかった。中国から素人の幹部を派遣しても，何の役にも立たないので，現経営陣の引き止めと活用を楊会長らトップ経営者は自ら世界行脚して行っていた。本社のCEOも元

IBMパソコン事業部長に就任してもらい，現地法人の社長にも待遇の維持，場合によってより高い待遇を約束して引き続き舵を取ってもらった。その結果，海外法人の人材流失は最小限に抑えられた。

それと同時に，レノボはアメリカ，ヨーロッパ，日本および新興国で販路開拓に力を入れて行動しはじめた。

それにもかかわらず，なかなか効果が現れず，世界市場でのシェアが買収時の8.2％からじわじわと減少し，2006年3月期決算時に7.4％までに陥った。その後，中国で稼いだ利益を海外の損失に補填して何とか持ち直そうとしたところ，リーマン・ショックがきっかけとする世界的金融危機が襲来したため，レノボはついに赤字に転落した。このまま行けば，この買収による大失敗になりかねない状況に陥った。

買収後，トップの座から退いて，親会社の聯想ホールディングの経営に専念する柳傳志は，ついに行動を起こした。彼は，会長兼CEOに復帰し，楊元慶を社長に任命し，買収前の体制に戻し，背水の陣で奮起した。さすが創業者ともいえる柳傳志のリーダーシップの下で，レノボの雰囲気が一変した。開発陣も，営業職も，人事担当も，職務を問わず，みな団結して困難を乗り越えて頑張った。その結果，翌2007年には奇跡的に黒字転換を達成し，その翌年，シェアを拡大しながら利益を増やしていったのである。

2011年9月，柳傳志は記者会見で「レノボの国際化は成功した」と堂々と宣言した。また，成功の根拠として，三つあげた。一つ目は，「ThinkPad」というブランドを手に入れたことである。当初の契約によると，「ThinkPad」の使用期間は5年間で，その後レノボのブランド「lenovo」と統一するということであるが，今でも使用しているのは，「ThinkPad」は消費者に愛用されているといえる。二つ目は，技術力を身につけたことである。買収後，アメリカにある研究ラボと日本にある研究所を手に入れ，過去の特許だけでなく，新たに開発した技術も把握した。これらの技術と中国での低コスト製造を結びつけて，より良いパソコンを世界へ提供することができるようになったのである。そして三つ目は，国際経営に必要な経営資源を手に入れたことである。もともと1ローカルな中国企業は，この買収で世界66ヵ国にある法人から資金以外の経営資源（人材，工場，ノウハウ，情報）を取得し，国際経営を行うための学習コストを大幅に削減した。

2013年第2四半期から，レノボはついにHP（ヒューレット・パッカード）を追い越して，世界一のパソコンメーカーになったのである。

●事例4：ハイアールによる三洋電機白物家電の買収

三洋電機は，1947年に松下電器（現パナソニック）の専務取締役だった井植歳男の個人事業をそのルーツとする。最初は自転車用発電ランプを作っていたが，市場のニーズに合って，洗濯機，冷蔵庫，半導体，バッテリー，太陽電池など製品ラインをどんどん広げ，2代目の井植敏が社長の舵を取る時代，売上高は2兆円規模の大手電機メーカーに成長した。

ところが，バブルが弾けた後，同社の経営は厳しくなり，石油ファンヒーター事故，発電パネル不正販売，全自動洗濯乾燥機発火，などの不祥事が相次いで発生したため，企業のイメージは急速に悪くなり，消費者から敬遠された。特に，2007年2月，巨額粉飾決算の疑いがマスコミに報道されたため，会社存亡の危機にいきなり直面した。2009年3月，パナソニックは株式の公開買付け（TOB）を実施し，同年9月正式に三洋電機を傘下に入れた。しかし，洗濯機，冷蔵庫などの白物家電は，パナソニックの既存事業に重なるため，売却されることになった。

一方，中国のハイアールは歴史が浅いものの，品質追求，ブランド重視，顧客創出などの経営方針の下で急成長し，1990年代の末頃から中国一の白物メーカーに変身した。

しかし，いくら中国一といえども，世界で勝負するために，経営資源が足りないという山を乗り越えなければならないことは明らかである。特に，家電王国と言われる日本メーカーの先端技術はハイアールにとって喉から手が出るほどほしかったのである。

2002年1月，業績低迷の三洋電機からの要請を受けて，ハイアールは三洋電機と包括的な提携を結んだ。それに伴って，両社は日本で三洋ハイアールという合弁企業を作って，互いに相手の商品を自国の市場に売り出した。三洋電機の狙いは，ハイアールの低コスト製造能力と中国市場での販売力である。それに対し，ハイアールの狙いは，三洋電機の技術開発力とブランド力である。その時点では，三洋電機の凋落は誰も予想できなかった。

しかし，その後の三洋電機の現状を見て，ハイアールはショックを感じると同時に，ビジネスチャンスを悟った。すなわち，三洋電機の技術を買い取るということである。実は，三洋電機との間に包括的な提携を結んだものの，期待している技術を取得できず，日本での販売も予想より悪かったため，ハイアールは日本法人の経営赤字に我慢せざるを得なかった。ただ，日本に上陸して以来，日本メーカーの技術力の高さと市場のニーズは十分に理解できるようになり，日本法人はアンテナショップとして役割を果たしていた。チャンスがあれば，躍進することができるとハイアールの経営陣はそう信じてきた。

2011年，チャンスがついに来た。パナソニックは三洋電機の白物家電を売却することを決めた後，ハイアールはいち早く手を挙げた。リーマン・ショックの影からまだ完全に脱出していない日本の家電業界全体は元気がなく，ハイアールと争うメーカーもなかったため，買収の話はすぐまとまった。同年7月28日，パナソニックは「子会社の事業譲渡に関する基本合意について」と，ハイアールは「三洋電機株式会社の冷蔵庫，洗濯機およびその他家庭用電化製品事業の買収に合意」とそれぞれ公表した。

この基本合意の主な内容は次の通りである。

① 家庭用ならびに業務用洗濯機，家庭用冷蔵庫を製造・販売している二つの子会社の三洋電機が保有する株式をハイアールに譲渡する。

② 家庭用冷蔵庫を設計・開発・製造している二つの子会社の三洋電機が保有する株式をハイアールに譲渡する。

③ 東南アジアにおいて，冷蔵庫・洗濯機などを製造・販売を行っているベトナム，インドネシア，フィリピン，マレーシアでの子会社5社をハイアールに譲渡する。

④ ハイアールに対し，上述4ヵ国において一定期間「SANYO」ブランドでの白物家電およびテレビの販売を許諾する。

この買収は，2011年9月に最終契約，2012年3月までに完了した。

ハイアールがこの買収に投下した資金は100億円と言われたが，三洋電機の白物家電の年間（2010 年度）売上高は 700 億円もあるので，業界では安いという意見が多かった。もちろん，安いか高いかを別にして，もし買収後経営がおかしくなり，赤字になったらいくら安くても意味はない。

それでは，買収後の事情はどうなっただろう。われわれは，張瑞敏（チョウズイビン）ハイアールの会長兼 CEO の講演からその情報をキャッチした。2013 年 8 月 16 日，同氏はアメリカマネジメントアカデミー第 73 回年度大会での講演で，この買収の効果に関して述べた。「数年間の赤字が続いていた三洋電機の白物家電事業はわれわれの手に入った後，わずか 8 ヵ月で黒字転換を実現した。しかも，販売額は倍増した。」

ここまで，中国メーカーの海外 M&A について四つのケースを紹介した。そのうち，前の二つが失敗した（事例 1，2）。後の二つ（事例 3，4）は成功した。成功率は 50 % ではないかと思われがちであるが，そうではない。事実上，成功率は 3 分の 1 ではないかと推測できる。なぜなら，世界的に言えば，M&A の成功率もほぼ同じであり，中国メーカーもほぼ同様と思われる。

第15章 中国企業の日本進出

1 ●●● 概　説

図15-1は，中国企業の対日直接投資について，中国商務部の統計である。それによると，2003年まではデータさえなかったことから，対日直接投資がほとんどなかったことが推察できる。これは，中国政府の経済政策と関係がある。WTO加盟の2001年まで，中国政府は主に外資を誘致する政策を取っていた。その後，外資の殺到による国内企業のシェア喪失に危機を感じた中国政府は，2002年に「走出去」（打って出る）という政策を打ち出した。言うまでもなく，政府の呼びかけには必ず税制面の優遇措置が付くので，海外に進出す

図15-1　中国の対日直接投資残高の推移　（単位：百万ドル）

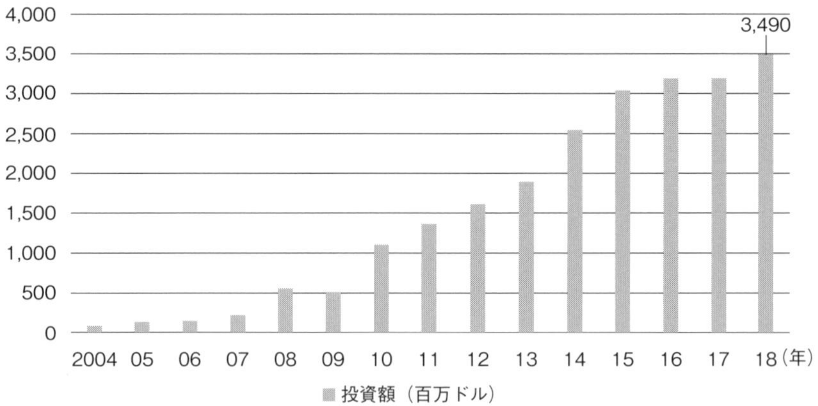

資料：中国商務部各年度の「中国対日直接投資統計公報」により作成。

図 15-2　中国系企業数の推移

（単位：社）

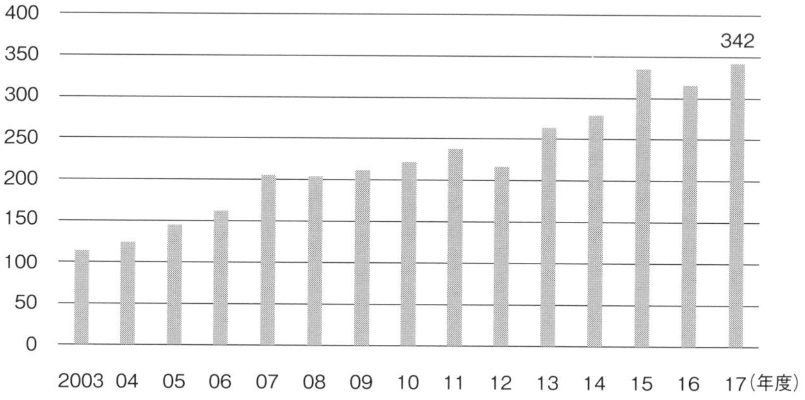

資料：経済産業省各年度の「外資系企業の動向」により作成。

る企業が増えてきたわけである。ここは対日直接投資残高しか示していないが，中国企業の対外直接投資残高の縮図ともいえる。2010年の残高急増が非常に目立っている。遡ってみると，2008年に世界的な金融危機が発生した後，中国政府は内需拡大を中心とする4兆元（62兆円）規模の経済政策を打ち出した。減税と融資緩和などの恩恵を受けて，中国企業はいち早く危機から脱出した。しかし，日本企業の回復は遅く，経済低迷の状態が続いていた。その後，投資の余裕が出てきた中国企業は，日本企業の買収に乗り出したのである。

日本の経済産業省は，毎年「外資系企業の動向」を発行している。2002年度までアジア系というカテゴリしかなかったが，2003年度からアジア系の下に「うち 中国」の欄を設けた。これは先に述べた中国商務部の統計と合致する。すなわち，2003年度から中国企業の数が統計上の意義を持つようになった。図15-2は，日本に進出した中国系企業数の推移である。2017年度は，342社であった。

そして，週刊東洋経済は『2018外資系企業総覧』（臨時増刊）を発行した。その中にある中国系企業128社の業種別は，総合卸売と分野限定の卸売り（46社）が最も多く，36％を占めている。その次はソフト・情報サービス（20

社），その他サービス（10社），繊維・衣服（7社），銀行（5社）の順になった。その他に，電気機器，航空，海運，コンサルティング，製薬，不動産，化学，輸送機器，小売り，旅行などの業界もあるが，会社数はまだ少ないことが現状である。

2 ●●● 日本進出の事例

●事例1：方正

方正株式会社（以下，方正という）の親会社は，1986年に北京大学王選教授が自ら発明したコンピュータによるレーザー編集印刷システムの商品化を実現するために立ち上げた大学発ベンチャーであった。ところが，2018年，この会社はIT，医療，産業金融，投資など四つのドメインを持ち，連結売上高1,333億元（約2兆661億円）で，従業員3万8,000人にもなる方正集団に変身した。

1996年当時，方正集団はすでに中国だけでなく世界の中国語圏においても大きなシェアを取っていた。中国語に近い日本語の市場を開拓するために子会社の方正香港が，東京で資本金5,000万円の子会社方正を設立した。これは貿易，金融などの伝統産業と違い，中国発ハイテク企業が日本市場に攻め入る初めてケースということでマスコミに注目された。

設立当初，方正は商業印刷システムを始めとした流通小売業向け商品データベース，新聞社向けトータルシステム，出版社システムの開発を目的としたが，現在，印刷出版，流通，新聞業界をはじめ，幅広い業界のお客様へ提案を続け，ソリューションを提供するようになった。

1998年3月，方正は日本市場向けの商品開発の第一弾としてリクルートに「中古車情報誌編集システム」を納入した。リクルートは，このシステムを使って編集効果を大幅に高めることができた。そして，方正に対し「功労賞」を授与した。

それ以来，方正は新商品を次から次へ開発して，日本市場での基盤を固めた。表15-1は方正の主な商品と納品先の一覧である。

表15-1　方正の主な商品と納入先一覧

年　月	商　品　名	納　入　先
1998年 3月	中古車情報誌編集システム	リクルート
2000年 6月	テレビ雑誌制作システム	東京ニュース通信社
2001年 8月	広告集版システム	毎日新聞社
2003年 8月	台割・進行システム	角川書店
2003年12月	一般紙制作システム	日刊スポーツ印刷社
2006年11月	新聞製作トータルシステム	陸奥新報社
2007年 6月	広告業務管理システム	毎日新聞社
2010年 2月	東阪統合システム	日刊スポーツ新聞社
2010年12月	熱中i競馬 iPad向けアプリ	中日新聞社
2011年 2月	ANA仮想空港	全日空空輸
2014年 1月	新統合組版システム	日刊スポーツ新聞社

資料：方正株式会社のホームページにより作成。

それと同時に，方正は日本企業と積極的に提携して，日本の技術を使って中国向けの商品開発をしている。これまでの提携先は日本IBM，オムロン，アスコン，ユニアデックスを含めた。とりわけ，オムロンの技術を応用して開発した「自動改札システム」は北京の地下鉄5号線に導入され，脚光を浴びた。

2019年12月現在，方正の従業員は145人まで増えてきた。また，売上高は26億円（2017年度）であった。一見順調に伸びているが，設立当初の「三年後をめどに売上高100億円を目指す」という目標はまだ遠いため，この業界の競争の激しさが察知できる。

ついでに，現在の方正株式会社は今の社長（管祥紅）がMBO（Management Buyout：経営者による会社買収）により，北大方正集団から買い取って独立した会社となった。

●事例2：池貝

株式会社池貝のルーツは，1889年5月に創業，1906年に創設された池貝鉄工所に遡る。同鉄工所が作った日本初の動力旋盤は2012年7月，日本機械学会に機械資産として認定されており，その歴史的意義が伝わってくる。その後，特殊専用機，高性能汎用機，マシニングセンターの製造に専念し，ピーク時の1980年度の売上高は272億円に達した。

ところが，1980年代中頃から激しい市場競争の煽りを受け経営不振に陥り，

2001年2月，ついに負債総額は271億円となり，東京地方裁判所に民事再生法の適用を申し立てた。2004年，民事再生が終結したが，600人もいた従業員は100人強しか残らなかった。経営陣は手を尽くしたが，効果がなかなか見られなかった。

そんな時，上海電気集団（以下，「上海電気」という）から出資の話が舞い込み，池貝にとってまさに渡り船で躊躇なく応じた。その後上海電気は，3,000万円出資の代わりに75％の株式を持つことになった。

それでは，なぜ上海電気は倒産しそうな会社を傘下に入れたのか。言うまでもなく，池貝の技術力とブランド力を評価したからである。上海電気は発電機，重機，エレベーター，印刷機械，工作機械などを製造する中国の国有大手企業グループである。それにもかかわらず工作機械に関する技術力は，まだ池貝に勝てないと思われた。池貝を助けると同時に池貝の強みを生かして自社の技術レベルを高めようとしたのである。また，2002年，上海電気は日本のアキヤマ印刷機を2,300万ドルで買収して成功した前例もあり，日本でもある程度の知名度を得ていたのである。

その後，上海電気の支援の下で，池貝はある程度変化を見せた。例えば，資本金は5億円弱までに増加，上海で独資の子会社を設立，売り上げを54億円（2009年12月期）に伸ばし，12年ぶりの新商品発売などがあった。日本のマスコミは，中国企業による買収の成功例として池貝を称賛しはじめていた。

しかし，その後池貝の売上高が再び低迷のため，経営陣は新たな出資者を求めていた。その後，2014年5月台湾の同業大手の友嘉（ユウカ）実業集団が上海電気から持ち分の大半を譲渡してもらい池貝の親会社になった。

なぜ上海電気は池貝を手放したのか。表向きの理由は同じ業種ではないため，販路開拓が軌道に乗らなかったということであるが，上海電気から見れば10年間で技術力の差をだいぶ縮められたのではないかと，筆者はそのように見ている。

●事例3：ラオックス

ラオックスの原点は1930年東京都墨田区で創業された一軒の個人商店にあり，戦後まもなく谷口電機株式会社という法人になり，1976年10月に現在の社名に変更した。

ラオックスは東京の電器街である秋葉原に本店を構えて，家電製品の販売を行っていたが，時代の変化を敏感に感じ，1990 年 4 月いち早く「ザ・コンピュータ館」をオープンさせ，秋葉原の名所と言われたほど脚光を浴びた。その後，事業を順調に伸ばして，1999 年 12 月に株式を東京証券取引所 2 部に上場した。最盛期の 2001 年 3 月期，全国で 60 数店舗を持ち，連結売上高は 2,141 億円に達した。

しかし，その後ライバルの価格競争に対抗できず，業績が急速に悪化した。あの手この手を尽くして支援先を探し，投資ファンドの下で激しいリストラを行ったが，危機から脱出することができなかった。図 15-3 を見れば，誰でもラオックスの倒産は避けられないと思うことだろう。

ラオックスにとって最後の助けになったのは，蘇寧（ソネイ）電器集団からの出資申し入れであった。蘇寧電器集団（2016 年「蘇寧ホールディンズ集団」に社名変更，以下「蘇寧」という）は，1990 年に設立され，本社を南京に置く民間企業である。2019 年には，年商は 370.32 億ドルで「世界 500」の 333 位にランキングされた。

2009 年 6 月 24 日，蘇寧とラオックスは南京で共同記者会見を開いた。その

図 15-3　ラオックスの財務データの推移

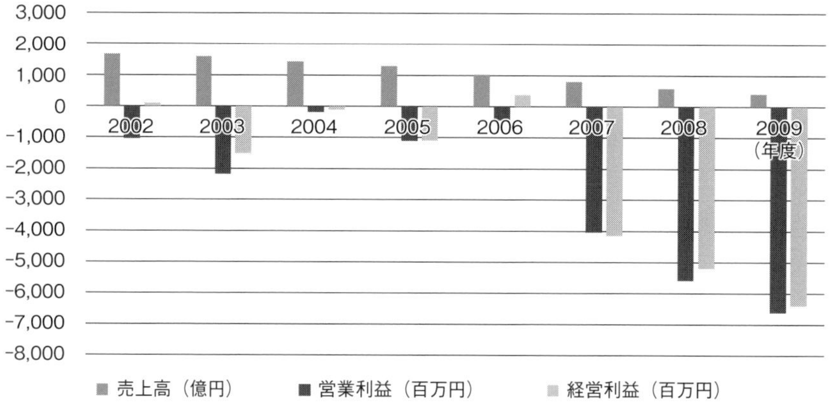

資料：ラオックス各年度の『有価証券報告書』により作成。

場で蘇寧は，子会社を通してラオックスに8億円を投じて発行済株式の27.36％を取得，筆頭株主になると発表した。それと同時に，東京にある中国系企業日本観光免税もラオックスに7億円を出資し，同株式の24％を取得した。この資金を得たラオックスはようやく倒産を免れた。

それでは，蘇寧にとってラオックスに出資したことにどんなメリットがあったのか。

蘇寧は国内市場で激しい価格競争に勝ち抜きトップの座に上がってきたが，このままいけばやはり限界が来ると分かっていた。しかし，これからはどんな方向に向くのかについて，確実な答えを持っていたわけではない。国内市場を制覇している蘇寧は，次の発展を図るために自然的に目を海外に向けた。とりわけ，家電の王国と言われる日本の同業から学ぶものが多かったのである。

ラオックスというブランドは，日本に来たことがある中国人によく知られており，なぜなら，東京の秋葉原電気街を訪れると，必ずラオックスの免税店看板が目に入るからである。そのようなこともあり，日本観光免税は，積極的に蘇寧に働きかけたのである。蘇寧の傘下に入ってから間もなく，日本観光免税の羅怡文社長はラオックスの社長に就任したのである。

2010年から，ラオックスは攻める戦略に変わり，日本と中国で新規出店を始めた。主な動きは表15-2にまとめている。

言うまでもなく，このような攻勢を継続するには，さらなる資金が必要である。ラオックスは2010年8月と2011年6月，中国側から合計115億円（うち，蘇寧は110億円，日本観光免税は5億円）の追加出資を受けた。これで，蘇寧の持ち株比率は65.3％となり，ラオックスを子会社にした。

2014年12期の決算で，ラオックスは，売上高を502億円まで伸ばし，最終損益12億4,000万円で7期連続の赤字からついに脱出した。なお，4年後の決算を見れば，ラオックスは資本金226億円，インバウンド事業，グローバル事業，生活・ファッション事業とエンタテイメント事業をドメインとし，従業員2,014名，売上高1,179億円の大企業に変わったことが分かる。

●事例4：レナウン

レナウンは東証一部上場の大手アパレルメーカーで，明治35年（1902年）

表 15-2　ラオックスの主な出店攻勢

年　月	日　本	中　国
2010 年 4 月	東京の新宿とお台場に新規出店	
2010 年 6 月		上海で楽器店をオープン
2010 年 11 月	東京の銀座松坂屋に出店	
2011 年 1 月	新卒採用を再開	
2011 年 9 月	東武池袋店に出店	
2011 年 12 月		南京で中国 1 号店開業
2012 年 2 月	長崎・上海航路の客船内に免税売り場を開設	
2012 年 4 月	キャナルシティ博多店に出店	
2012 年 5 月		上海に旗艦店を開業
2012 年 7 月		北京で中国 3 号店を開業
2012 年 8 月	沖縄アウトレットモール「あしびなー」に出店	
2013 年 3 月		中国向けネット通販に参入
2013 年 6 月		アモイで中国 11 号店を開業
2013 年 11 月	銀座本店を開店	
2014 年 1 月	千歳空港に出店	
2015 年 7 月	婦人靴の製造・販売を開始	
2017 年 7 月	観光タクシー事業へ参入	
2017 年 12 月	商業不動産事業へ	
2018 年 1 月	文化産業に参入	
2019 年 1 月		不動産大手の緑地集団と合弁会社を設立

資料：ラオックスの『有価証券報告書』とマスコミの報道を参考にして作成。

に創業以来，日本のアパレル業界の代表的企業である。1960 年代より，レディース向け衣料品メーカーとして人気を集め，シェアを伸ばしただけでなく，レディース向けの“Arnold Palmer”（アーノルドパーマー），“ensuite”（エンスウィート），紳士向けの“D'URBAN”（ダーバン）など多くのブランドを多く育成した。連結売上高はかつて 2,375 億円（1991 年 12 月期）を超えたことがある。また，マツダのスポンサーとしてル・マン 24 時間レースで社名とブランド“Charge”を世界的に広げた。

ところが，バブル経済の崩壊に伴い，レナウンの経営が悪化しはじめた。借金を返済するため子会社の売却，不採算ブランドの廃止，リストラ，本社ビルまでを売却したにもかかわらず，業績悪化に歯止めをかけることができなかった。2008 年，投資ファンドの支援を受けて，再建を目指していたが，計画通

図 15-4　レナウンの財務データの推移

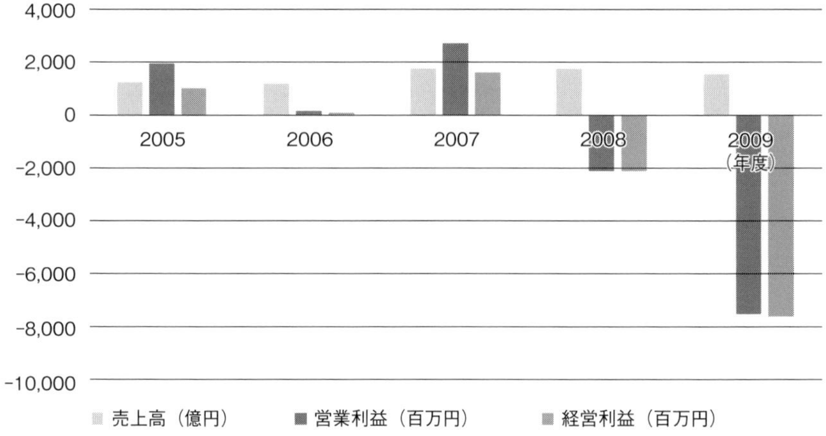

資料：レナウン各年度の「決算短信」により作成。

りに進まなかった。図 15-4 はレナウンの売上高の推移である。これによると，2009 年度の業績が最も悪かったことが分かる。このままでは，倒産するリスクが極めて高かったのである。

2010 年 5 月 23 日付の『日本経済新聞』（朝刊）の一面に「レナウン中国大手傘下に，山東如意（サントウニョイ）再建支援へ 4 割出資」という記事が載り読者の注目を集めた。それによると，山東如意は，約 40 億円で発行済株式の 41 % を握る筆頭株主になることが分かった。これがきっかけになり，伊藤忠商事は山東如意に関心を高め，翌年 8 月ついに後者への 150 億円（資本金の 30 % を占める）出資を実現したため，間接的にレナウンの 12 % 株式を所有することになった。

それでは，なぜ山東如意は赤字だらけのレナウンの再建支援に乗り出したのか。それを知るために，まずこの会社のことを少し紹介する。

山東如意は山東如意科技集団の略称である。その前身は 1972 年山東省済寧市に設立された国営の毛紡績会社であった。1990 年代の所有制改革を行って以来，民営化された会社となった。山東如意のビジネスは，衣料品，染め，アパレル，綿紡績，化学繊維，寝具などに及ぶ。2013 年度の連結売上高は 300 億元（4,680 億円）で，従業員 3 万人である。しかし，この会社の強みは生地であるため，それまでヨーロッパの大手衣料品メーカーに生地を供給するか，OEM 生産をすることがメインであり，衣料品のデザイン力とブランド力が弱かったのである。レナウンのような会社を傘下に入ればシナジー効果が期待できるのではないかというのが山東如意の考えであった。

一方，レナウンはここまで来たら，株主に安売りと批判されても倒産するより出資に応じる選択肢しかなかった。そして，その資金を国内市場の立て直しと中国市場への攻めに使うことができた。マスコミに報道された翌日，東京株式市場でレナウンの株は前週末比 50 円高の 191 円と，制限値幅の上限で取引を終えたため，投資家はこの出資を歓迎していたといえる。

2013 年 4 月，レナウンは中国事業を拡大するために，山東如意の親会社である済寧（サイネイ）如意投資を引受先とする第三者割当増資を実施したため，山東如意の持ち分が 53 %に拡大した。

上に述べた四つの事例から，何が読み取れるのか。事例 1 は，中国企業が新しい市場を開発するために日本進出を果たした。このような企業は今後も増えていくと思われるが，国際経営に関する経験の不足と競争の激しさのため，決して楽な道のりではないと思う。他の三つの事例は，いずれも経営危機に陥り，日本国内に資金面で支援できる相手はもはやいなくなり，最後の策として中国資本を受け入れたのである。中国企業は，火中の栗を拾うことでもなく，日本企業の技術力，ブランド，経営ノウハウなどの習得が本当の狙いである。言うまでもなく，経営危機に陥った企業なので，割安の価格で株式を取得したケースもあり，批判されてもしようがないが，投資先はいつ倒産してもおかしくない会社というハイリスクを考えて，再建ができたらハイリターンを得ることも当然であろう。ただし，上述した三つのケースで言えば，ハイリターンを得たことはまだない。まだ時間がかかるのではないかと筆者は思う。

あとがき

1990年代の後半から中国は「世界の工場」と言われてきました。確かにどの国にも安い中国製品が直接に，あるいは間接的にたくさん売られています。それだけでなく，有名ブランドの商品も製造，流通，販売の諸段階で中国と関係ないものはますます少なくなってきました。例えば，アップルのスマホ，ナイキの運動靴，マクドナルドのハンバーガー，資生堂の化粧品，「ユニクロ」の衣料品，ニトリの家具とインテリ雑貨など，数えられないほどです。このまま行けば，中国企業の競争力はますます強くなるのではないでしょうか。確かにこの可能性は否定できません。

しかし，世界範囲で見れば，どの国でも世界経済を支配することは不可能で，相当の影響力があっても限度があります。また，世界経済の中心はローテーションしているかのように絶えず変わっています。例えば，16世紀から第二次世界大戦終結までは，スペイン，オランダ，フランス，イギリスが世界経済の中心でしたが，第二次大戦後アメリカに移りました。しかし，アメリカは世界経済の中心といっても，1980年代多くの産業は日本に負けてしまいました。その後，日本も韓国の追い上げで窮境に陥られました。そういう意味で言えば，中国企業の台頭も早かれ遅かれ来るのではないでしょうか。言い換えれば，後発者は先発者に追い付き，追い越すことが世界経済における自然現象ではないでしょうか。ですから，後発者の台頭を封じることは非現実で，不可能でもあります。大事なのは，先発者は後発者の挑戦を受けて，いかにして変身するかということです。まさに，アメリカで起こったことのように，1970年代の後半から1980年代の末頃まで，アメリカ企業は，電子製品，自動車，精密機器など多くの産業で日本企業に市場を奪われましたが，情報通信技術（ICT），バイオ，金融商品などの新しい産業の創出で伝統産業から脱皮し，新産業のリーダーへと変身し再び成功を収めようとしています。

中国企業の将来像ですが，いまだ全盛期前の前段階であり，発展していく余地があるでしょう。これまでの世界経済の中心となった国々と根本的な違いは，中国という市場の規模です。アメリカは繁栄といっても，3億2,000万人の人口であり中国の4分の1程度の市場です。日本においてはさらに中国の11分の1程度の規模です。この世界最大の市場が存在さえすれば中国企業はより発展し，今後中国が世界経済の中心になったとしても，その持続期間は他の国よりも長いと思われます。これは全体を見回したときの見通しです。

かつて，アメリカはイギリスを追い越し，日本はアメリカに追い付き，また韓国は日本に追い付いたように，今後の中国も同じく紡績，家電，機械，ガソリン車，バイク，造船などの成熟産業は，人件費がもっと安い後発国（例えば，インド）に追い越されることは避けられないと思われます。

しかし，太陽光発電・風力発電などに関連するクリーンエネルギー産業，電気自動車，先端医療，難病治療薬，バイオ技術，ICT，航空宇宙，海洋開発などの産業は伸びていくだろうと思います。その理由は，環境意識の高まり，グローバル市場の存在，研究と開発能力の向上，資金の蓄積，政府の支援など，いろいろ挙げられますが，最も重要なのは，これらの産業は，どの国も圧倒的な競争優位を持たず，ほぼ同じ時期にスタートしたからです。そういう場合，中国の政治体制は中国企業の競争力に有利です。例えば，宇宙開発について，ほとんどの国では政府の資金支援があっても，あくまで民間企業が中心となって進めています。しかし，中国の宇宙開発は軍が主導権を握っているので，コストを無視して行うことができます。結果として，中国の宇宙開発のスピードはどの国よりも早かったことが事実です。

一方，人口の数に左右されやすい産業，例えば，農業，食品，飲食，小売り，住設，学習塾，介護などは，中国の人口が増加している限り発展していきます。これらの産業は内需に依存するので，中国という世界一の市場が存在する間は，衰退しないと思います。1980年代から実施しはじめた「一人っ子」政策の影響で中国の総人口が減っていくのではないかという見方もありますが，そんなことはありません。なぜならば，「一人っ子」政策は都市部の人口成長を抑えられましたが，広い農村部ではほぼ変わりませんでした。また近年，政策そのものも見直され，規制が緩和されたからです。

今日，いわゆる中国発グローバル企業は，ほとんど1980年代中頃から設立あるいは改組で生まれており，一代目の経営者が多いです。会社の寿命を 30 年とすれば，そろそろ 30 年を迎える会社が増えつつあります。経営者もそろそろ引退することになります。二代目の経営者の下で会社が発展するかどうかは，世界的な課題です。できる会社はさらに 30 年間継続していきますが，そうではない会社は衰退ないし倒産することになります。多数の中国企業にとって，まだ経験したことのない事態なので，後継者をどのように育成していくかに関わっています。

アメリカのビジネス誌「Fortune」は毎年売上高をベースにして世界で最も大きい会社 500 社を選出し，「Global 500」を公表しています。2019 年のデータによりますと，日本企業は 52 社ランクインしました。しかし，かつて 149 社（1995 年）ランクインし，30 %を占める時期もありました。この数字は中国企業が越えられるのですか。同じ 1995 年，「Global 500」には中国企業が 1 社もなかったが，2019 年には 129 社となりました。日本企業の衰退と中国企業の台頭がこの数字の変化からはっきり見られます。ですから，第二の 30 年に入る中国発グローバル企業は，その数が今後 3 ～ 5 年の間に増えつづけ，150 社に達すると筆者は予測しています。また，その構成について，国有企業は 3 分の 1，民間企業は 3 分の 2 をそれぞれ占めるだろうと筆者は予測しています。いずれにしろ，今後 5 年間で，中国企業が一層発展していくに違いありません。それ以降どうなるかは現段階ではなかなか予測できませんが，引き続き関心を持って研究を続けていく所存です。

本を書く人間にとって，あとがきを書くほど楽しいことはないでしょう。それは，妊娠 10 ヵ月の妊婦が間もなく誕生する赤ちゃんを期待する時の気持ちに似ているのではないかと思います。

振り返ってみると，この本のコンセプトは 2012 年初め頃から生まれ，いくつかの企業や大学などで講演をしているうちにはっきり見えてきました。ただ，その時点で，私がターゲットにしたのは，ハイアール，レノボとファーウェイでした。なぜならこれらの会社について，私は長年にわたって研究をしており，相対的によく知っているからです。しかし，それを本にするのには，新たに数社のケースを入れなければなりません。

幸いほぼ同じ時期に，野中郁次郎一橋大学名誉教授に呼ばれて，先生が主宰する日中韓企業研究会に参加しました。その研究会はほぼ2ヵ月に一度東京で行われ，いつも活発な議論が数時間にわたり続き，多くの示唆をいただくことができました。22ヵ月後，その研究会の成果として生まれたのは，『アジア最強の経営を考える』（ダイヤモンド社，2013年）という共著（野中郁次郎・徐方啓・金顕哲）です。その時点で，私は多くの中国企業を研究していましたので，その本に使われなかったケースを引き続き研究することにしました。その結果，三一重工，ワハハ，吉利自動車，小米とBYDのケースをまとめました。

2014年，近畿大学経営学部のカリキュラム改訂に伴って，私は2016年度から「中国ビジネス論」を開講することにしました。そのため，学生に相応しいテキストを早めに準備しなければなりません。世の中には中国ビジネスに関連する本が多く出されていますが，「中国ビジネス論」に相応しいものがほぼないので，自分で書くことを決めました。一方，中国企業の台頭に伴って，中国企業に関心を持つ日本人も増えており，大学生に限定するのはもったいないのではないかと思い，社会人にも読んでいただくよう工夫しました。それにもかかわらず，本当にこの願いを叶うかという不安はやはり心に残っています。幸いに，原稿を読んだ編集者から「教科書としても実務書としても，とても興味ある読み物になっている気が致します。読んでいて，とても面白いです。」というコメントをいただき，多少ほっとしました。

この場をお借りしてこの本の出来上がりに関わる方々にお礼を申し上げます。

まず，お忙しいところ推薦のお言葉を寄せていただいた加護野忠男神戸大学名誉教授・特命教授と，博士後期課程の副テーマ研究のころからいろいろお世話になっている野中郁次郎一橋大学名誉教授に心より感謝を致します。そして，このテーマに関する講演の場を提供していただいた古賀智敏神戸大学名誉教授，井川康夫北陸先端科学技術大学院大学名誉教授，高垣行男駿河台大学教授，川西重忠桜美林大学北東アジア総合研究所所長（故人），澤泉重一日中産学官交流機構監事（故人），安田啓二神戸社会人大学事務局長に深くお礼を申し上げます。最後，ご多忙にもかかわらず，私のインタビューに応じてくださった張瑞敏ハイアールCEO，柳傳志聯想ホールディング会長，宗慶後ワハハ総裁，閻力大ファーウェイ・ジャパン会長に謹んでお礼を申し上げます。

最後ですが，千倉書房の川口理恵取締役に深く感謝を致します。同氏の素晴らしいビジネスセンスと意思決定の速さに頭が下がります。よく日本の組織は意思決定が遅いと言われていますが，今回の拙著の場合，私はそんなことを全く感じませんでした。むしろ，その迅速な意思決定に驚きと望外の喜びを感じました。もし，このように早く意思決定を行う企業は増えれば，競争力がより一層強くなるに違いありません。

なお，本書のベースは2015年11月に出版された『中国発グローバル企業の実像』です。早くも5年経ちましたし，中国企業の変化がもっと早くデータが古くなったので，改訂版を考えていました。しかし，川口様に相談したら，せっかくですから，新しい形の本にしましょうという提案を受けました。そのため，新たにドローンのケースを書いた上，データを全面刷新し，すべての章を再構成した結果，今の形になったのです。

2020年2月10日近大研究室にて

徐　方啓

〈参考文献〉

尹景春（2008）「海外進出中国企業の事例研究―TCLM の欧州進出について」『文化論集』第 33 号 pp.77-94。
王　静（2010）『巴菲特为什么看中王传福』江蘇人民出版社。
賈丹丹・田旺（2014）『成功就是転覆世界』新世界出版社。
北西厚一・伊藤大輔「シャープ、小米で一服」『日本経済新聞』（朝刊）20014 年 11 月 28 日。
金山ソフトホームページ：http://www.kingsoft.com.
魏昕・廖小東（2010）『比亜迪真相』重慶出版社。
国土交通省「近畿初！環境に優しい電気バスが京都しないを走ります！」平成 27 年 2 月 19 日付プレスリリース。
小林宏治（1988）『私の履歴書』日本経済新聞社。
呉建国・翼勇慶（2006）『華為的世界』中信出版社。
三一重工ホームページ：http://www.sanygroup.com/group/zh-cn/.
吉利自動車ホームページ：http://www.geely.com/welcome/index.html.
小米科技ホームページ：http://www.mi.com/en/.
徐方啓（2006）『日中企業の経営比較』ナカニシヤ出版。
―――（2007）『柳傳志――レノボをつくった男』ナカニシヤ出版。
―――（2012a）「NEC との提携からみたレノボの国際化戦略」『商経学叢』第 58 巻第 3 号 pp.251-262。
―――（2012b）「中国一 ICT メーカー華為技術のグローバル経営」『商経学叢』第 59 巻第 2 号 pp.363-385。
―――（2014a）「中国企業の対外直接投資と M&A」『商経学叢』第 60 巻第 2・3 号 pp.29-46。
―――（2014b）「三一重工の発展からみた戦略と組織」『商経学叢』第 61 巻第 2 号 pp.11-23。
―――（2015）「スマホチャレンジャー小米の競争戦略」『商経学叢』第 61 巻第 3 号 pp.37-51。
Fangqi Xu and Hideki Muneyoshi（2017）“A Case Study of DJI, the Top Drone Maker in the World,” *Kindai Management Review*, Vol. 5, pp.97-104.
孫建華（2014）『雷軍的謎―小米野蛮成長内幕―』中国法制出版社。
DJI ホームページ：https://www.dji.com/
張利華（2011）『華為研究』機械工業出版社。
張力昇（2008）『軍人総裁任正非』中央編訳出版社。
陳　潤（2014）『雷軍傳―站在風口上』華中科技大学出版社。

中島募（2011）「苦境に立つ日中パソコン連合」日経ビジネス 7 月 11 日号 p.16。
「Nikkei Ecology」2014 年 12 月号 pp.26-29。
「Nikkei Electronics」2009 年 6 月 15 日号 pp.40-45。
「日経ホームビルダー」2011 年 12 月号 pp.57-63。
「日本経済新聞」（朝刊）2010 年 3 月 7 日 p.1。
野中郁次郎・徐方啓・金顕哲（2013）『アジア最強の経営を考える——世界を席巻する日中韓企業の戦い方』ダイヤモンド社。
ハイアールホームページ：http://www.haier.com/cn/.
馬　鈞（2008）『中国最具狼性的総裁』武漢大学出版社。
馬立明（2011）『任正非華為管理日記』中国鉄道出版社。
比亜迪股份有限公司ホームページ：http://www.byd.com.cn/.
ファーウェイホームページ：http://www.huawei.com/cn/.
「Forbes」（中文版）：http://www.forbeschina.com/list/more/307.
穆志濱（2010）『任正非生意経』中国画報出版社。
山田周平他「スマホ三国志」『日本経済新聞』（朝刊）2014 年 11 月 12 日-15 日連載。
余勝海（2011）『解密華為』中信出版社。
李信忠（2007）『華為的思維』東方出版社。
李大千（2011）『王传福的创新』浙江大学出版社。
劉佳・趙陳婷・李娜「集体衝“億”—中国手機三強争奪全球探花」『第一財経日報』2014 年 11 月 5 日。
劉宏飛（2012）『華為王朝』中華工商聯合出版社。
レノボホームページ：http://www.managedservices.com.cn/.
黎万強（2014）『参与感—小米口碑営銷内部手冊』中信出版社。
ワハハホームページ：http://www.wahaha.com.cn/.

索　引

事項索引

●会社名索引

●人名索引

【著者略歴】

徐方啓（Xu Fangqi ジョ・ホウケイ）

近畿大学名誉教授、同大学経営イノベーション研究所客員教授、Kindai Management Review 編集長。北陸先端科学技術大学院大学知識科学研究科 Ph.D。マカオ城市大学特別招聘教授、安徽工業大学客員教授。著書に『日中企業の経営比較』『柳傳志―聯想（レノボ）をつくった男』（ナカニシヤ出版）、共著に『アジア最強の経営を考える』（ダイヤモンド社）などがある。

中国発グローバル企業の実像　改訂増補版

2020年7月20日　改訂増補版第1刷発行

著　者　徐　方啓
発行者　千倉成示
発行所　株式会社 千倉書房
〒104-0031　東京都中央区京橋 2-4-12
TEL 03-3273-3931 ／ FAX 03-3273-7668
https://www.chikura.co.jp/

印刷・製本　藤原印刷株式会社

ISBN 978-4-8051-1206-9　C3034